전국 대부분 초등학교에서 실시하는 단원평가! 이제부터는 단원평가 대비
전문 교재로 준비하십시오. 꾸준히 공부하는 습관이 우등생을 만듭니다!

KB213602

부족한 단원 보충

평상시 학교 단원평가 대비는 물론
부족한 단원을 보충하며 스스로
공부할 수 있도록 구성

최신 평가 문제가 가득!

전국 학교에서 실시된 단원평가 시험지를 모아서
자주 나오는 문제들만 추려 쪽지시험, 단원평가,
서술형·논술형 문제로 구성

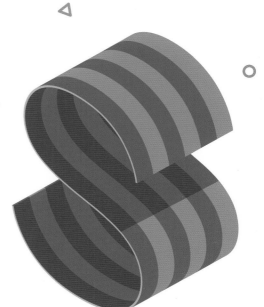

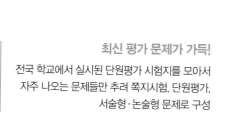

Chunjae
Makes
Chunjae

▼

열공 전과목 단원평가 1-2

편집개발   김주남, 안정아, 김정희
디자인총괄 김희정
표지디자인 윤순미, 장미
내지디자인 박희춘, 이혜진
제작   황성진, 조규영

발행일   2024년 10월 1일 초판 2024년 10월 1일 1쇄
발행인   (주)천재교육
주소   서울시 금천구 가산로9길 54
신고번호 제2001-000018호
고객센터 1577-0902

전과목

단원 평가

1·2

구성과 특징

단원평가 휘어잡기!

1 STEP 핵심개념 정리
각 단원의 핵심만 뽑아 쏙쏙!

빠지는 단원 없이 꼼꼼히 확인해요!

2 STEP 쪽지시험
핵심 내용을 쪽지시험으로 바로바로 확인!

3 STEP 단원평가
단원평가를 반복하여 풀면 어떤 유형의 문제라도 척척!

4 STEP 서술형·논술형 문제
서술형·논술형 문제까지 풀면 어려운 문제도 술술!

전과목 단원평가 한 권이면 단원평가 대비 끝!

수시평가 대비도 문제 없어요.

쪽지시험

쪽지시험
1. 100까지의 수
정답 ◑ 꼼꼼 풀이집 23쪽

1 ☐ 안에 알맞은 수를 써넣으시오.
(1) 10개씩 묶음 7개는 ☐ 입니다.
(2) 10개씩 묶음 9개는 ☐ 입니다.

2 그림을 보고 ☐ 안에 알맞은 수를 써넣으시오.

10개씩 묶음 5개와 낱개 7개는 ☐ 입니다.

6 두 수의 크기를 비교하여 ◯ 안에 >, <를 알맞게 써넣으시오.
(1) 55 ◯ 66
(2) 48 ◯ 41

7 짝수에는 '짝'을, 홀수에는 '홀'을 쓰시오.
(1) 70 ( ) (2) 93 ( )

8 사탕은 모두 몇 개입니까?

3 ☐ 안에 알맞은 수를 써넣으시오.

수학

서술형·논술형 문제

서술형·논술형 문제
1. 기분을 말해요
정답 ◑ 꼼꼼 풀이집 1쪽

1 보기에서 흉내 내는 말을 하나 골라 그림의 내용을 나타내는 문장을 쓰시오. [30점]

─ 보기 ─
야옹 둥실둥실 살랑살랑 쌩쌩

3 다음 이야기를 읽고 물음에 답하시오. [40점]

예 어느 날, 도치 머리 위에 손바닥만 한 구름이 생겼어요.
"저리 가! 귀찮단 말이야!"
도치가 버럭버럭 소리를 질러도 구름은 없어지지 않았어요.
"내가 먼저 탈 거야!"
도치는 친구 치치에게도 화를 냈어요. 도치가 치치보다 먼저 왔는데도 말이에요.
예 어디선가 작은 양산을 쓴 할머니가 나타나 말했어요.
"나쁜 말 구름을 없애려면 말이다……."
할머니는 도치에게 소곤소곤 이야기해 주었어요.
도치는 놀이터에 갔어요.
그런데 친구들이 모두 도치를 모른

국어

◆ 단원별 중요 내용을 알아볼까?

단원명	중요 내용	단원명	중요 내용
1. 기분을 말해요 4쪽	듣는 사람의 기분을 생각하며 자신의 기분 말하기 내가 화를 내면 민지가 상처받을 거야. ➜ '나'로 시작하여 있었던 일과 그때의 솔직한 기분을 말합니다.	**5. 생각을 키워요** 36쪽	글을 읽고 생각이나 느낌 나누기 훌라후프가 있다고 생각하며 허리를 돌린다는 생각이 재치있어. 친구들처럼 훌라후프를 잘 돌리려고 노력하는 모습이 대단하다고 생각해. ➜ 인물이 한 일, 인물의 생각이나 느낌에 대한 자신의 생각이나 느낌을 표현합니다.
2. 낱말을 정확하게 읽어요 12쪽	겹받침이 들어간 낱말 읽기 3000원 / 쓰기 값 / 읽기 [갑] ➜ 겹받침을 알맞게 쓰고, 읽습니다.	**6. 문장을 읽고 써요** 44쪽	문장을 자연스럽게 띄어 읽기 불이 나면∨모두의 안전을 위해∨건물에서 멀리 떨어진 곳으로∨대피해야 합니다. ➜ 글의 내용을 생각하며 띄어 읽습니다.
3. 그림일기를 써요 20쪽	경험한 일을 그림일기로 쓰기 나와 동생은 빨갛게 익은 사과를 땄다. 사과를 직접 따 보니 정말 재미있었다. ➜ 경험한 일이 잘 드러나게 씁니다.	**7. 무엇이 중요할까요** 52쪽	무엇을 설명하는지 생각하며 글 읽기 글의 제목이 '독도'구나. ➜ 글의 제목을 살펴보고 무엇을 설명하는 글인지 알 수 있습니다.
4. 감동을 나누어요 28쪽	만화 영화를 보고 생각이나 느낌 나누기 아기 거북이 미끄럼틀을 타는 모습이 기억에 남았어. 아기 거북이 까투리 집으로 찾아오는 장면이 재미있었어. ➜ 기억에 남는 장면을 떠올리며 자신의 생각이나 느낌을 표현해 봅니다.	**8. 느끼고 표현해요** 60쪽	인물을 상상하며 작품 감상하기 "흥! 다시는 너랑 노나 봐."에서 송이의 서운한 마음이 느껴져. ➜ 인물이 한 말을 살펴보고 생각이나 느낌을 떠올립니다.

☀ **흉내 내는 말**

① '야옹', '둥실둥실'처럼 소리나 모양을 나타내는 말을 흉내 내는 말이라고 합니다.

소리를 흉내 내는 말	야옹, 깔깔, 멍멍, 삐악삐악
모양을 흉내 내는 말	깡충깡충, 울긋불긋, 뒤뚱뒤뚱, 둥실둥실, 엉금엉금, 사뿐사뿐

☀ **흉내 내는 말을 넣어 문장 만들기**

① 어떤 소리나 모양을 흉내 내는 말로 나타낼지 생각합니다.

② 흉내 내는 말을 넣어 문장이 자연스러운지 확인합니다.
　　　　　↳ 흉내 내는 말이 문장에
　　　　　　 잘 어울리는지

별이 반짝반짝 빛납니다.

고양이가 야옹 웁니다.

토끼가 깡충깡충 뜁니다.

③ 흉내 내는 말을 넣어 문장을 만들면 느낌을 더 잘 살릴 수 있습니다.

☀ **기분을 나타내는 말**

① 어떤 사람이나 물건, 주변의 환경 때문에 마음에 절로 생기는 감정을 '기분'이라고 합니다.

② 여러 가지 기분을 나타내는 말을 살펴보고 어떤 마음일 때 쓸 수 있을지 생각해 봅니다.

기뻐요	슬퍼요
무서워요	미안해요

☀ **듣는 사람을 생각하며 자신의 기분 말하기**

① 무슨 일이 있었는지 생각해 봅니다.

② 그때의 솔직한 자신의 기분을 생각합니다.

③ 솔직하게 말했을 때의 듣는 사람의 기분을 생각해 봅니다.

④ '나'로 시작하며 정리한 생각을 말합니다.

있었던 일	나는 노래를 잘 부른다고 선생님께 칭찬을 받아서
내 기분	정말 뿌듯해.

쪽지시험

1 '멍멍'은 (소리를 / 모양을) 흉내 내는 말입니다.

2 '별이 (반짝반짝 / 흔들흔들) 빛난다.'와 같이 나타낼 수 있습니다.

3 '기뻐요', '슬퍼요'는 (기분을 / 소리를) 나타내는 말입니다.

4 내 기분을 솔직하게 말했을 때 (듣는 / 말하는) 사람의 기분이 어떨지 생각합니다.

* 배점이 표시되어 있지 않은 문제는 문제당 **8점**입니다.

1 빈칸에 들어갈 흉내 내는 말로 알맞은 것은 무엇입니까?·······························( )

매미가 [   ] 웁니다.

① 흑흑   ② 맴맴   ③ 음매
④ 멍멍   ⑤ 짹짹

2 알맞은 흉내 내는 말에 ○표 하시오. [각 10점]

(1) 꽃이 (활짝 / 펄펄) 피었습니다.
(2) 자동차가 (깔깔 / 씽씽) 지나갑니다.

3 흉내 내는 말을 사용하면 좋은 점을 찾아 기호로 쓰시오. [12점]

㉠ 문장을 길게 쓸 수 있다.
㉡ 문장을 더 실감 나게 할 수 있다.
㉢ 문장의 뜻을 어렵게 만들 수 있다.

( )

[4~5] 다음 이야기를 읽고 물음에 답하시오.

친구들 앞에서 노래를 불렀어.
떨려서 노랫말이 떠오르지 않아.
내 마음이 꽁꽁, ㉠얼음처럼 꽁꽁!

4 '나'는 무엇을 하였습니까?·················( )

① 혼자만 뜀틀에 올랐다.
② 교실에서 발표를 했다.
③ 교실에서 얼음을 만졌다.
④ 친구들 앞에서 노래를 불렀다.
⑤ 친구들과 함께 노래를 배웠다.

5 '나'의 마음이 ㉠과 같았던 까닭은 무엇입니까?······················( )

① 노래가 너무 길어서
② 노래를 너무 잘 불러서
③ 선생님께 칭찬을 들어서
④ 노랫말이 떠오르지 않아서
⑤ 친구들이 웃는 소리가 들려서

[6~7] 다음 이야기를 읽고 물음에 답하시오.

> 폴짝! 나만 뜀틀에 올랐어.
> 친구들 모두 날 부러워해.
> 내 마음이 반짝반짝, ㉠보석처럼 반짝반짝!

6 '나'만 뜀틀에 오르는 모습을 보고 친구들의 마음은 어떠하였습니까?·····················( )

① 즐겁다.　　　② 부럽다.
③ 답답하다.　　④ 행복하다.
⑤ 걱정스럽다.

7 ㉠은 어떤 마음을 나타낸 것일지 두 가지 고르시오.·························(,)

① 귀찮다　　　② 무섭다.
③ 답답하다.　　④ 뿌듯하다.
⑤ 자랑스럽다.

8 그림 속 아이의 기분을 나타내는 말로 알맞은 것은 무엇입니까?·····················( )

① 기뻐요
② 좋아요
③ 슬퍼요
④ 행복해요
⑤ 즐거워요

[9~10] 다음을 보고 물음에 답하시오.

> 민지가 지나가다가 쳐서 내가 만든 성이 무너졌어.

> 그때 정말 속상하고 화가 났어.

1 무슨 일이 있었는지 생각해 본다.

2 그때의 솔직한 자신의 기분을 생각해 본다.

> 내가 화를 내면 민지가 상처받을 거야.

> ㉠

3 솔직하게 말했을 때의 듣는 사람의 기분을 생각해 본다.

4 '나'로 시작하며 정리한 생각을 말한다.

9 누구 때문에 성이 무너졌는지 쓰시오.

( )

★중요10 ㉠에 들어갈 '나'의 말로 알맞은 것에 ○표 하시오. [12점]

(1) 나는 네가 정말 미워!　　　　　　( )
(2) 나는 성이 무너져서 참 속상해. ( )
(3) 너 때문에 성이 무너져서 화가 나.

( )

* 배점이 표시되어 있지 않은 문제는 문제당 4점입니다.

1 빈칸에 들어갈 흉내 내는 말을 보기에서 찾아 쓰시오. [6점]

보기
엉금엉금   깡충깡충   아장아장

토끼가 [   ] 뜁니다.

2 그림에 어울리는 흉내 내는 말을 찾아 선으로 이으시오. [6점]

(1) 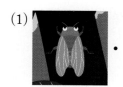 ·

· ① 활짝

(2)  ·

· ② 맴맴

(3)  ·

· ③ 똑딱똑딱

(4)  ·

· ④ 삐악삐악

[3~5] 다음 이야기를 읽고 물음에 답하시오.

친구들 앞에서 노래를 불렀어.
떨려서 노랫말이 떠오르지 않아.
내 마음이 ㉠꽁꽁, 얼음처럼 꽁꽁!

폴짝! 나만 뜀틀에 올랐어.
친구들 모두 날 부러워해.
내 마음이 반짝반짝, ㉡ 처럼 반짝반짝!

3 '내'가 노래를 부를 때 어떤 마음이 들었을지 두 가지 고르시오. ·········· (,   )

① 떨린다.   ② 즐겁다.
③ 기대된다.   ④ 재미있다.
⑤ 당황스럽다.

4 ㉠을 알맞게 사용한 문장은 어느 것입니까?
··· (   )

① 라면을 꽁꽁 끓였습니다.
② 구름이 꽁꽁 떠 있습니다.
③ 햇볕이 꽁꽁 너무 뜨겁습니다.
④ 아이스크림이 꽁꽁 얼었습니다.
⑤ 귀여운 거북이 꽁꽁 기어갑니다.

5 ㉡ 에 들어갈 말로 알맞은 것은 무엇입니까? ··· (   )

① 연필   ② 휴지
③ 보석   ④ 지우개
⑤ 실내화

[6~8] 다음 이야기를 읽고 물음에 답하시오.

블록으로 멋진 성을 만드는데, 민호가 달려들어 깜짝 놀랐어.
내 마음이 찌지직, 번개처럼 찌지직!

내가 만든 성이 와장창 무너졌어.
민호한테 너무 화가 나.
내 마음이 우르릉 쾅쾅, 화산처럼 우르릉 쾅쾅!

6 '나'는 누구 때문에 깜짝 놀랐는지 쓰시오.

(   )

7 '나'는 무엇을 하고 있었습니까? ········(   )

① 민호와 다투고 있었다.
② 멋진 성을 구경하고 있었다.
③ 블록으로 성을 만들고 있었다.
④ 블록 장난감을 정리하고 있었다.
⑤ 민호와 함께 숨바꼭질을 하고 있었다.

8 '나'는 민호에게 화난 마음을 무엇이라고 나타냈는지 ○표 하시오. [5점]

(1) 내 마음이 꽁꽁, 얼음처럼 꽁꽁!

(   )

(2) 내 마음이 반짝반짝, 보석처럼 반짝반짝

(   )

(3) 내 마음이 우르릉 쾅쾅, 화산처럼 우르릉 쾅쾅!

(   )

[9~10] 다음을 보고 물음에 답하시오.

1 무슨 일이 있었는지 생각해 본다.

2 그때의 솔직한 자신의 기분을 생각해 본다.

3 솔직하게 말했을 때의 [㉠]의 기분을 생각해 본다.

4 '나'로 시작하며 정리한 생각을 말한다.

9 [㉠]에 들어갈 알맞은 말을 **보기**에서 찾아 쓰시오. [6점]

> **보기**
>
> 말하는 사람   듣는 사람

(   )

서술형·논술형 문제

10 ㉡에 들어갈 '나'의 말을 쓰시오. [10점]

_____

_____

[11~13] 다음을 보고 물음에 답하시오.

1  2

3  4

11 그림 **1**의 기분을 나타내는 말을 한 가지 쓰시오. [6점]

(   )

12 그림 **2**와 같은 기분이 드는 일은 무엇입니까? ·········· (   )

① 재미있는 책을 읽은 일
② 달리기에서 1등을 한 일
③ 선생님께 칭찬을 들은 일
④ 가족과 놀이공원에 간 일
⑤ 아끼는 물건을 잃어버린 일

13 그림 **3**과 **4**의 기분을 나타내는 말을 보기에서 골라 기호로 쓰시오.

┌─ 보기 ─────────────────┐
│ ㉠ 재밌어요   ㉡ 미안해요 │
│ ㉢ 무서워요   ㉣ 뿌듯해요 │
└──────────────────────┘

(1) 그림 **3**의 기분을 나타내는 말 (   )
(2) 그림 **4**의 기분을 나타내는 말 (   )

14 서진이의 기분을 나타내는 말로 알맞은 것은 무엇입니까? ·········· (   )

서진

① 기뻐요   ② 슬퍼요
③ 졸려요   ④ 즐거워요
⑤ 무서워요

15 그림에 알맞은 '기분을 나타내는 말'을 찾아 ○표 하시오. [각 3점]

(1)

(좋아요 / 힘들어요)

(2)

(떨려요 / 편해요)

(3)

(싫어요 / 고마워요)

[16~18] 다음 이야기를 읽고 물음에 답하시오.

> 도치는 화를 내며 말을 하는 버릇이 있어요.
> 그래서 도치 별명은 버럭쟁이예요.
> 그러던 어느 날, 도치 머리 위에 손바닥만 한 구름이 생겼어요.
> "저리 가! 귀찮단 말이야!"
> 도치가 버럭버럭 소리를 질러도 구름은 없어지지 않았어요.
> "내가 먼저 탈 거야!"
> 도치는 친구 치치에게도 화를 냈어요.
> 치치가 도치보다 먼저 왔는데도 말이에요.
> 그러자 구름이 그림책만 하게 커졌어요.

16 도치의 별명은 무엇인지 찾아 쓰시오.

( )

17 도치의 성격은 어떠합니까? ·····( )

① 고집이 세다.
② 화를 잘 낸다.
③ 밝고 친절하다.
④ 노는 것만 좋아한다.
⑤ 해야 할 일을 자꾸 미룬다.

18 도치가 치치에게 화를 내자 도치 머리 위에 있던 구름이 어떻게 되었는지 ○표 하시오.

(1) 먹구름처럼 까매졌다. ( )
(2) 그림책만 하게 커졌다. ( )
(3) 손가락만 하게 작아졌다. ( )

[19~20] 다음 이야기를 읽고 물음에 답하시오.

> "나쁜 말 구름을 없애려면 말이다……."
> 할머니는 도치에게 소곤소곤 이야기해 주었어요.
> 도치는 놀이터에 갔어요.
> 그런데 친구들이 모두 도치를 모른 척했어요.
> 도치는 화가 났어요.
> 하지만 양산 할머니의 말씀이 떠올랐지요.
> "얘들아, 난 너희들이랑 함께 놀면 좋겠어."
> 친구들은 깜짝 놀라 도치를 쳐다보았어요.
> 도치가 이렇게 예쁘게 말을 하다니요.
> 도치는 친구들과 사이좋게 놀 수 있어서 무척 기뻤어요.
> 이제 도치 머리 위에 있던 구름은 감쪽같이 사라졌어요.

19 놀이터에서 친구들이 모른 척하자 도치는 기분이 어떠하였습니까? ·····( )

① 기뻤다.   ② 슬펐다.
③ 억울했다.   ④ 화가 났다.
⑤ 자랑스러웠다.

중요
20 도치가 나쁜 말 구름을 없앤 방법은 무엇입니까? ·····( )

① 친구들에게 선물을 주었다.
② 양산 할머니에게 부탁했다.
③ 나쁜 말 구름에게 고운 말을 썼다.
④ 친구들에게 화내지 않고 예쁘게 말했다.
⑤ 구름이 없어질 때까지 말을 하지 않았다.

1 보기에서 흉내 내는 말을 하나 골라 그림의 내용을 나타내는 문장을 쓰시오. [30점]

┌─ 보기 ─────────────────────────┐
　야옹　둥실둥실　살랑살랑　씽씽
└──────────────────────────────┘

_____

_____

2 ㉠을 넣어 짧은 문장을 지으시오. [30점]

┌──────────────────────────────┐
│　폴짝! 나만 뜀틀에 올랐어.
│　친구들 모두 날 부러워해.
│　내 마음이 ㉠반짝반짝, 보석처럼 반짝반짝!
└──────────────────────────────┘

_____

_____

3 다음 이야기를 읽고 물음에 답하시오. [40점]

┌──────────────────────────────┐
│ ㈎ 어느 날, 도치 머리 위에 손바닥만 한 구름이 생겼어요.
│　　"저리 가! 귀찮단 말이야!"
│　　도치가 버럭버럭 소리를 질러도 구름은 없어지지 않았어요.
│　　"내가 먼저 탈 거야!"
│　　도치는 친구 치치에게도 화를 냈어요.
│　　치치가 도치보다 먼저 왔는데도 말이에요.
│ ㈏ 어디선가 작은 양산을 쓴 할머니가 나타나 말했어요.
│　　"나쁜 말 구름을 없애려면 말이다……."
│　　할머니는 도치에게 소곤소곤 이야기해 주었어요.
│　　도치는 놀이터에 갔어요.
│　　그런데 친구들이 모두 도치를 모른 척했어요. / 도치는 화가 났어요.
│　　하지만 양산 할머니의 말씀이 떠올랐지요.
│　　"얘들아, 　　㉠　　"
│　　친구들은 깜짝 놀라 도치를 쳐다보았어요.
│　　도치가 이렇게 예쁘게 말을 하다니요.
└──────────────────────────────┘

(1) 치치의 마음은 어떠할지 쓰시오.

　도치가 화를 내서 [　　　　　　] .

(2) [㉠] 에 들어갈 도치의 말을 쓰시오.

_____

_____

❋ 쌍받침과 겹받침

① 'ㄲ'과 같이 같은 자음자가 두 번 쓰이는 받침을 '쌍받침'이라고 합니다.

② 'ㄺ', 'ㄼ'과 같이 서로 다른 두 개의 자음자로 이루어진 받침을 '겹받침'이라고 합니다.

'낚'의 받침에는 같은 자음자가 두 개 있어.

'밟'의 받침에는 서로 다른 자음자가 있어.

❋ 겹받침이 있는 낱말 바르게 읽기

① 받침에 자음자가 두 개 있어도 한 개만 발음합니다.

② 'ㄺ' 받침이 있는 낱말은 뒤에 오는 글자에 따라 'ㄹ'이나 'ㄱ'으로 발음합니다.

> 흙이 어디 있는지 아세요?
> 흙 속에 들어가서 달고 맛있는 참외가 되는 거예요.

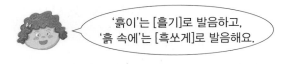

'흙이'는 [흘기]로 발음하고, '흙 속에'는 [흑쏘게]로 발음해요.

③ 여러 가지 겹받침을 알맞게 소리 내어 읽습니다.

넓다	[널따] ○ [넙따] ×	값	[갑] ○ [갓] ×
밟다	[발따] × [밥따] ○	굵다	[국따] ○ [굴따] ×

❋ 글쓴이가 하고 싶은 말

① 글을 쓴 사람을 '글쓴이'라고 합니다.

② 글쓴이가 글을 통해 전하고 싶은 생각을 글쓴이의 생각이라고 합니다.

③ 글쓴이의 생각은 글의 제목에 나타나기도 합니다.

「사용한 물건을 제자리에 두자」에 나타난 글쓴이의 생각

> 사용한 물건을 제자리에 두자
>
> 1학년 김서연
>
> 나는 물건을 쓰고 나서 제자리에 둡니다. 그렇게 하면 ......
> 물건을 쓰고 나서 제자리에 둡시다. 그렇게 해야 물건을 쉽고 빠르게 찾을 수 있습니다.
> →글쓴이가 하고 싶은 말

❋ 글을 읽고 인물의 생각 알기

① 이야기에서 어떤 인물이 나오는지 찾아봅니다.

② 인물의 말과 행동을 살펴보며 인물의 생각을 알아봅니다.

「다니엘의 멋진 날」 속 인물이 생각하는 '멋진 날'

산체스 부인	하늘이 맑아서 페인트칠하기 좋은 날
에마 누나	바람이 씽씽 불어서 연 날리기 좋은 날
안전 요원	모두들 안전하게 귀가하는 날 →집으로 돌아감.
할머니	다니엘이 꼭 안아 주는 날

정답 ➡ 꼼꼼 풀이집 2쪽

쪽지시험

① '밝다'에는 (쌍받침 / 겹받침)이 들어 있습니다.

② 글을 쓴 사람을 (글쓴이 / 읽는 이)라고 합니다.

③ 글의 ☐☐ 에 글쓴이의 생각이 나타나기도 합니다.

④ 인물의 생각을 알아보려면 인물의 말이나 (이름 / 행동)을 살펴보아야 합니다.

* 배점이 표시되어 있지 않은 문제는 문제당 8점입니다.

1 ( ) 안의 알맞은 낱말에 ○표 하시오.

[각 5점]

(1) 날씨가 (말습니다 / 맑습니다).

(2) 용돈이 (업습니다 / 없습니다).

2 빈칸에 모두 들어갈 겹받침은 무엇입니까?

( )

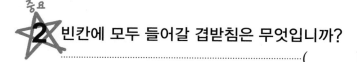

 부☐다    이☐다

 바☐다    그☐다

① ㄲ   ② ㄼ   ③ ㄻ

④ ㄹ   ⑤ ㅀ

3 빈칸에 들어갈 말로 알맞은 것은 무엇입니까?

( )

요리가 ☐ 있습니다.

① 끈고   ② 끌고   ③ 끓고

④ 끌코   ⑤ 끓코

4 겹받침을 알맞게 쓴 것은 무엇입니까?

( )

① 새로 생긴 방이 꽤 널다.

② 보름달이 떠서 하늘이 박다.

③ 우리 동네 빵집은 빵값이 싸다.

④ 늘근 고양이가 마당에 누워 있다.

⑤ 열쇠를 일어버려서 문을 못 열었다.

5 빈칸에 알맞은 겹받침을 써넣으시오. [10점]

병을 아☐다.

[6~7] 다음 이야기를 읽고 물음에 답하시오.

참외씨는 재빨리 팔꿈치로 도망갔어요.
"두 번째 탈출 성공!"
참외씨는 달리기 시작했어요.
"어딜 그리 바삐 가는 게야?"
"탈출하는 중이에요. 그런데 할아버지는 누구세요?"
"바람 따라 여기저기 떠돌아다니는 먼지란다."
"그럼, 혹시 흙이 어디 있는지 아세요? 제 꿈은 ㉠흙 속에 들어가서 달고 맛있는 참외가 되는 거예요."

6 이 글의 내용으로 알맞은 것은 무엇입니까?
────────────( )

① 참외씨는 참외가 되고 싶어 한다.
② 참외씨는 흙에서 팔꿈치로 도망갔다.
③ 참외씨는 흙이 있는 곳을 무서워한다.
④ 먼지 할아버지는 참외씨를 부러워한다.
⑤ 먼지 할아버지는 참외씨를 도와주었다.

7 ㉠을 알맞게 소리 내어 읽은 친구의 이름을 쓰시오. [10점]

( )

[8~10] 다음 글을 읽고 물음에 답하시오.

나는 물건을 쓰고 나서 제자리에 둡니다. 그렇게 하면 다음에 그 물건을 쓰려고 할 때 빨리 찾을 수 있습니다. 하지만 내 동생은 풀이나 가위와 같은 물건을 쓰고 나서 아무 데나 둡니다. 그래서 다음에 쓰려면 한참을 찾아야 합니다.
물건을 쓰고 나서 제자리에 둡시다. 그렇게 해야 물건을 쉽고 빠르게 찾을 수 있습니다.

8 글쓴이의 동생은 물건을 쓰고 나서 어떻게 합니까? [10점]

• 물건을 쓰고 나서 ( ) 둔다.

9 이 글의 제목으로 알맞은 것에 ○표 하시오.

(1) 나는 정리를 잘한다 ( )
(2) 내 동생은 정리를 안 한다 ( )
(3) 사용한 물건을 제자리에 두자 ( )

서술형·논술형 문제
10 이 글의 글쓴이가 하고 싶은 말을 한 문장으로 쓰시오. [20점]

─────────────────

─────────────────

단원평가 2회

2. 낱말을 정확하게 읽어요

점수

* 배점이 표시되어 있지 않은 문제는 문제당 4점입니다.

정답 ➡ 꼼꼼 풀이집 2쪽

1 그림에 어울리는 낱말을 찾아 선으로 이으시오. [6점]

(1)  •

• ①

(2)  •

• ② 값

(3)  •

• ③ 넓다

(4)  •

• ④ 흙

3 쌍받침이 들어간 낱말에 '쌍'을, 겹받침이 들어간 낱말에 '겹'을 쓰시오. [각 3점]

(1) 닦다 (   )

(2) 밝다 (   )

(3) 틀림없다 (   )

4 빈칸에 들어갈 글자로 알맞은 것은 무엇입니까?·····················(   )

이 책은 [ ]다.

① 얄   ② 얍   ③ 얇

④ 얋   ⑤ 얂

2 밑줄 그은 낱말을 알맞게 고쳐 쓰시오.

(1)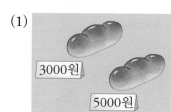

빵갑이 비싸다.

➡ [   ]

(2)

햇빛이 실타.

➡ [   ]

5 다음 중 받침을 잘못 소리 내어 읽은 것은 무엇입니까?·····················(   )

① 앓다   ② 넓다   ③ 긁다
   [알]   [널]   [극]

④ 없다   ⑤ 읽다
   [업]   [일]

국어

[6~10] 다음 이야기를 읽고 물음에 답하시오.

㉮ "휴, 간신히 살았네. 하마터면 잡아먹힐 뻔
했어."
참외씨 한 개가 탈출을 했네요!

㉯ 참외씨는 재빨리 팔꿈치로 도망갔어요.
"두 번째 탈출 성공!"
참외씨는 달리기 시작했어요.
"어딜 그리 바삐 가는 게야?"
"탈출하는 중이에요. 그런데 할아버지는
누구세요?"
"바람 따라 여기저기 떠돌아다니는 먼지
란다."
"그럼, 혹시 ㉠흙이 어디 있는지 아세요?
제 꿈은 흙 속에 들어가서 달고 맛있는 참
외가 되는 거예요."
"음, 참외가 되는 건 쉽지 않아. 세상은 아
주 넓고 위험하거든."
"그래도 전 꼭 참외가 될 거예요!"
"네 꿈이 그렇다면 알려 주지. ㉡흙은 말이
야……."

6 다음 낱말의 알맞은 뜻을 찾아 선으로 이으시
오. [5점]

(1) 간신히 •

(2) 하마터면 •

• ① 매우 힘들게.

• ② 많이 무섭다.

• ③ 조금만 잘못
했더라면.

7 이 이야기에 나오는 인물을 두 가지 고르시오.
·····································(,)

① 개미   ② 사과씨   ③ 수박씨
④ 참외씨   ⑤ 먼지 할아버지

8 참외씨의 꿈은 무엇입니까?········( )

① 세상 이곳저곳을 여행하는 것
② 새로운 친구를 많이 만나는 것
③ 먼지 할아버지와 함께 사는 것
④ 달고 맛있는 과자를 많이 먹는 것
⑤ 흙 속에 들어가서 달고 맛있는 참외가
되는 것

9 먼지 할아버지의 생각으로 알맞은 것에 ○표
하시오.

(1) 세상은 꽤 넓지만 위험하지는 않다.
( )
(2) 어떤 일이 있어도 나는 꼭 참외가 될 것
이다. ( )
(3) 참외씨가 흙 속에 들어가 참외로 자라는
것은 쉽지 않다. ( )

10 ㉠, ㉡을 알맞게 소리 내어 읽은 것은 무엇입
니까?·····································( )

① ㉠-[흑기], ㉡-[흑근]
② ㉠-[흘기], ㉡-[흑근]
③ ㉠-[흑기], ㉡-[흘근]
④ ㉠-[흘기], ㉡-[흘근]
⑤ ㉠-[흘리], ㉡-[흘근]

[11~12] 다음 글을 읽고 물음에 답하시오.

나는 물건을 쓰고 나서 제자리에 둡니다. 그렇게 하면 다음에 그 물건을 쓰려고 할 때 빨리 찾을 수 있습니다. 하지만 내 동생은 풀이나 가위와 같은 물건을 쓰고 나서 아무 데나 둡니다. 그래서 다음에 쓰려면 한참을 찾아야 합니다.

물건을 쓰고 나서 제자리에 둡시다. 그렇게 해야 물건을 쉽고 빠르게 찾을 수 있습니다.

11 '나'와 동생은 물건을 쓰고 나서 어떻게 하는지 알맞은 것에 ○표 하시오.

(1) '나'와 동생 모두 물건을 아무 데나 둔다. ( )

(2) '나'는 물건을 아무 데나 두지만 동생은 제자리에 둔다. ( )

(3) '나'는 물건을 제자리에 두지만 동생은 아무 데나 둔다. ( )

12 글쓴이가 하고 싶은 말은 무엇입니까?
.................................( )

① 물건을 아껴 쓰자.
② 일주일에 한 번은 정리를 하자.
③ 물건을 쓰고 나서 제자리에 두자.
④ 오늘 할 일을 내일로 미루지 말자.
⑤ 물건을 빌려 쓰고 나서 꼭 주인에게 돌려주자.

[13~15] 다음 글을 읽고 물음에 답하시오.

요즘 복도에서 뛰어다니는 친구들이 있습니다. 어제는 옆 반 친구가 복도에서 뛰다가 다른 반 친구랑 부딪쳐서 보건실에 가는 것을 보았습니다. 무척 아파 보였습니다.

복도에서 뛰면 다칠 수도 있고 다른 사람들을 놀라게 할 수도 있습니다. 복도에서 서로 부딪치게 되면 다칠 수도 있습니다. 복도에서는 뛰지 말고 오른쪽으로 천천히 걸어 다녀야 합니다. 그래야 다치지 않고 안전하게 생활할 수 있습니다.

13 글쓴이가 문제라고 생각하는 것은 무엇입니까? [5점]

• ( )에서 뛰어다니는 친구들이 있는 것

14 복도에서 뛰면 어떤 문제가 있다고 하였는지 두 가지 고르시오. [5점]

㉠ 다칠 수 있다.
㉡ 선생님께 혼날 수 있다.
㉢ 물건을 잃어버릴 수 있다.
㉣ 다른 사람을 놀라게 할 수 있다.

(,)

서술형·논술형 문제

15 글쓴이가 하고 싶은 말을 한 문장으로 쓰시오.
[12점]

_____

_____

[16~19] 다음 이야기를 읽고 물음에 답하시오.

> 다니엘이 할머니 집에 갈 때면 이웃들이 인사하지요, "멋진 날 보내렴!"
> "잠깐만요." 하고 다니엘이 산체스 부인에게 물어요.
> "어떤 날이 멋진 날이에요?"
> 산체스 부인이 대답해요.
> "하늘이 이렇게 맑아서 페인트칠하기 좋은 날이란다."
> "어떤 날이 멋진 날이야?"
> 다니엘은 연을 들고 공원으로 가는 에마 누나에게 물어요.
> "바람이 씽씽 불어서 연 날리기 좋은 날!"
> 에마가 대답해요.
> 건널목 안전 요원이 대답해요.
> "나의 멋진 날은 모두들 안전하게 귀가하는 날."
> 다니엘이 할머니 집에 도착하자 할머니가 대답해요.
> "나의 멋진 날은 우리 다니엘이 할머니를 꼭 안아 주는 날이란다!"

16 다니엘의 이웃들은 다니엘에게 무엇이라고 인사하는지 찾아 쓰시오. [6점]

"(   )"

17 다니엘이 이웃들에게 물어본 것은 무엇입니까? ………( )

① 할머니 댁 가는 길을 물어보았다.
② 어떤 날이 멋진 날인지 물어보았다.
③ 누가 가장 멋진 사람인지 물어보았다.
④ 어떤 동네가 살기 좋은지 물어보았다.
⑤ 어떤 음식이 가장 맛있는지 물어보았다.

18 산체스 부인은 다니엘에게 무엇이라고 대답하였는지 기호를 쓰시오.

> ㉠ 다니엘이 자신을 안아 주는 날이 멋진 날이다.
> ㉡ 바람이 불어서 연 날리기 좋은 날이 멋진 날이다.
> ㉢ 하늘이 맑아서 페인트칠하기 좋은 날이 멋진 날이다.
> ㉣ 길을 건너는 모두가 안전하게 귀가하는 날이 멋진 날이다.

(   )

19 건널목 안전 요원은 다니엘에게 무엇이라고 대답하였는지 ○표 하시오.

(1) 연 날리기 좋은 날이 멋진 날이다. ( )
(2) 페인트칠하기 좋은 날이 멋진 날이다. ( )
(3) 모두들 안전하게 집으로 돌아가는 날이 멋진 날이다. ( )

20 ㉠~㉢ 중, 글쓴이가 하고 싶은 말이 가장 잘 나타난 문장은 어느 것입니까? ……( )

> 준호야, 안녕?
> ㉠지난번에 내가 넘어졌을 때 기억나? 그때 나는 넘어져서 발도 아프고 친구들도 쳐다봐서 많이 부끄러웠어. ㉡그런데 네가 다가와서 괜찮냐고 물어보고 일으켜 주었어. 그때 고맙다는 말을 제대로 하지 못했어. ㉢준호야, 정말 고마워.

국어

1 다음 이야기를 읽고 물음에 답하시오. [50점]

> "아이코! 세상은 무시무시한 곳이구나."
> 참외씨는 재빨리 팔꿈치로 도망갔어요.
> "두 번째 탈출 성공!"
> 참외씨는 달리기 시작했어요.
> "어딜 그리 바삐 가는 게야?"
> "탈출하는 중이에요. 그런데 할아버지는 누구세요?"
> "바람 따라 여기저기 떠돌아다니는 먼지란다."
> "그럼, 혹시 ㉠흙이 어디 있는지 아세요? 제 꿈은 ㉡흙 속에 들어가서 달고 맛있는 참외가 되는 거예요."
> "음, 참외가 되는 건 쉽지 않아. 세상은 아주 넓고 위험하거든."
> "그래도 전 꼭 참외가 될 거예요!"
> "네 꿈이 그렇다면 알려 주지. 흙은 말이야……."

(1) ㉠과 ㉡을 어떻게 소리 내어 읽어야 하는지 쓰시오.

㉠은 [①]로 소리 내어 읽고, ㉡

은 [②]로 소리 내어 읽는다.

(2) 참외씨의 꿈은 무엇인지 쓰시오.

_____

_____

2 다음 이야기를 읽고 물음에 답하시오. [50점]

> ㉮ 다니엘이 할머니 집에 갈 때면 이웃들이 인사하지요, "멋진 날 보내렴!"
> "잠깐만요." 하고 다니엘이 산체스 부인에게 물어요.
> "어떤 날이 멋진 날이에요?"
> 산체스 부인이 대답해요.
> "하늘이 이렇게 맑아서 페인트칠하기 좋은 날이란다."
> "어떤 날이 멋진 날이야?"
> 다니엘은 연을 들고 공원으로 가는 에마 누나에게 물어요.
> "바람이 씽씽 불어서 연 날리기 좋은 날!"
> 에마가 대답해요.
> ㉯ 다니엘이 할머니 집에 도착하자 할머니가 대답해요.
> "나의 멋진 날은 우리 다니엘이 할머니를 꼭 안아 주는 날이란다!"

(1) 에마 누나는 어떤 날이 멋진 날이라고 생각하는지 쓰시오.

_____

_____

(2) 다니엘의 할머니는 어떤 날이 멋진 날이라고 하였는지 쓰시오.

_____

_____

☀ 바른 자세로 발표하고 듣기

① 바른 자세로 발표하는 방법
- 듣는 사람을 바라보며 말합니다.
- 허리를 펴고 바르게 서서 말합니다.
- 알맞은 크기의 목소리로 또박또박 말합니다.

② 바른 자세로 발표를 듣는 방법
- 궁금한 점을 생각하며 듣습니다.
- 말하는 사람을 바라보며 듣습니다.
- 발표하는 친구의 얼굴을 보면서 바른 자세로 듣습니다.

㉠ 자신의 꿈에 대해 발표하기

➡ 발표를 할 때는 바르게 서서 여러 사람이 들을 수 있는 알맞은 크기의 목소리로 또박또박 말해야 합니다.

☀ 그림일기 쓰는 방법 알기

① 그림일기는 하루에 경험한 일 가운데에서 기억에 남는 일을 골라 글과 그림으로 나타낸 일기입니다.

② 그림일기에 들어가는 내용
- 날짜와 요일을 씁니다.
- 날씨를 씁니다.
- 경험한 일을 표현하는 그림을 그립니다.
- 그날 경험한 일 가운데에서 기억에 남는 일을 씁니다.
- 경험한 일에 대한 생각이나 느낌을 씁니다.

㉠ 찬호가 쓴 그림일기

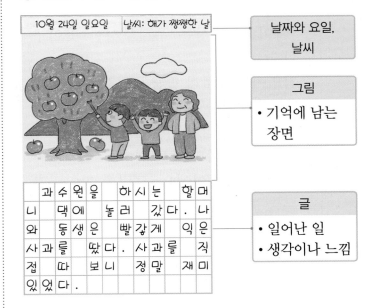

| 날짜와 요일, 날씨 |
| 그림 |
- 기억에 남는 장면
| 글 |
- 일어난 일
- 생각이나 느낌

☀ 경험한 일을 그림일기로 쓰기

① 날짜, 요일, 날씨를 확인해서 씁니다.
② 경험한 일 가운데에서 중요한 장면을 정해 그림으로 그립니다.
③ 누구와 어디에서 무엇을 했는지 경험한 일을 자세히 씁니다.

㉠ 그림일기를 보고 고칠 점 생각하기

	나	는		오	늘		아	침	에		일
어	나		밥	을		먹	고		학	교	에
가	서		공	부	를		했	다	.		그	리
고		집	에		와	서		숙	제	를
하	고		잤	다	.

➡ 오늘 한 일을 늘어놓기만 해 놓아서 기억에 남는 일이 무엇인지 알 수 없습니다. 그림일기를 쓸 때는 자신의 생각이나 느낌도 써야 합니다.

쪽지시험

① 하루에 경험한 일 가운데에서 기억에 남는 일을 골라 글과 (그림 / 사진)으로 나타낸 일기를 그림일기라고 합니다.

② 발표할 때는 바르게 서서 또박또박 말하고, (듣는 사람 / 말하는 사람)을 바라보며 말합니다.

③ 그림일기에 글을 쓸 때는 하루에 있었던 일을 모두 써야 합니다. (○ / ×)

④ 그림일기에는 (경험한 일 / 상상한 일)이 잘 드러나는 그림을 그려야 합니다.

* 배점이 표시되어 있지 않은 문제는 문제당 8점입니다.

[1~2] 다음을 보고 물음에 답하시오.

1 진호는 무엇에 대해 발표했는지 쓰시오.

• 자신의 ( )

2 다른 사람의 발표를 들을 때의 바른 자세는 무엇입니까? ·············( )

① 엎드려서 듣는다.
② 노래를 부르면서 듣는다.
③ 말하는 사람을 바라보며 듣는다.
④ 친구의 말이 끝날 때마다 박수를 친다.
⑤ 발표하는 사람이 아닌 선생님을 바라보며 듣는다.

3 다음 그림을 보고 빈칸에 알맞은 말을 써넣으시오. [13점]

언제	오늘 아침에
어디서	(1) ( )에서
무엇을	(2) 된장찌개를 ( ).

4 우리 반이 함께한 일에 대해 알맞게 발표한 친구의 이름을 모두 쓰시오. [13점]

재호: 3월에 입학식을 했습니다.
지민: 아침에 일찍 일어났습니다.
윤아: 가을에 체육 대회를 했습니다.
민영: 어제 가족들과 함께 요리를 했습니다.

(,)

[5~7] 다음을 보고 물음에 답하시오.

20○○년 10월 24일 일요일	날씨: 해가 쨍쨍한 날

	과	수	원	을		하	시	는		할	머
니		댁	에		놀	러		갔	다	.	나
와		동	생	은		빨	갛	게		익	은
사	과	를		땄	다	.	사	과	를		직
접		따	보	니		정	말			재	미
있	었	다	.								

5 언제 쓴 일기입니까?

　　20○○년 (　　　　　　　　　　　) 일요일

6 어떤 일을 그린 그림인지 쓰시오.

　　• 할머니, 동생과 (　　　　　)를 따는 그림.

7 ★ 경험한 일에 대한 생각이나 느낌이 나타난 문장은 무엇입니까?

> ㉠: 과수원을 하시는 할머니 댁에 놀러 갔다.
> ㉡: 나와 동생은 빨갛게 익은 사과를 땄다.
> ㉢: 사과를 직접 따 보니 정말 재미있었다.

　　　　　　　　　　　　　　(　　　　　　)

8 밑줄 친 말 중 생각이나 느낌을 나타내는 표현이 아닌 것은 어느 것입니까?········(　　　)

① 바람이 세게 불었습니다.
② 너무 추워서 힘들었습니다.
③ 친구들을 만나서 반가웠습니다.
④ 공책이 찢어져서 속상했습니다.
⑤ 우리 모둠이 일 등을 해서 기뻤습니다.

9 다음 일기에 그릴 그림으로 가장 어울리는 것은 무엇입니까?·····················(　　　)

> 아빠와 함께 서점에 갔다. 여러 가지 책이 많아서 참 신기했다. 내가 읽고 싶었던 책을 찾아서 반가웠다. 앞으로 서점에 더 자주 가고 싶다.

① 방에서 책을 읽는 그림
② 아빠와 책을 만드는 그림
③ 도서관에서 책을 읽는 그림
④ 친구에게 책을 선물하는 그림
⑤ 아빠와 서점에서 책을 구경하는 그림

10 그림일기를 쓸 때 주의할 점으로 알맞으면 ○표, 알맞지 않으면 ×표 하시오. [18점]

(1) 날짜, 요일, 날씨를 쓴다. 　　　(　　　)
(2) 경험한 일에 대한 생각을 쓴다. (　　　)
(3) 내일 일어날 것 같은 내용을 쓴다.
　　　　　　　　　　　　　(　　　)
(4) 경험한 일이 잘 드러나는 그림을 그린다.
　　　　　　　　　　　　　(　　　)

* 배점이 표시되어 있지 않은 문제는 문제당 4점입니다.

[1~2] 다음을 보고 물음에 답하시오.

1 무엇을 떠올린 그림입니까?

• ( )에 겪은 일을 떠올린
그림입니다.

2 그림 **3**에서 겪은 일을 알맞게 발표한 사람은
누구입니까?⋯⋯⋯⋯⋯⋯⋯⋯⋯⋯⋯⋯( )

① 민지: 일곱 시에 일어났습니다.
② 나은: 수업 시간에 혼이 났습니다.
③ 정민: 아침으로 된장찌개를 먹었습니다.
④ 윤희: 학교 가는 길에 친구를 만났습니다.
⑤ 규진: 아침에 스스로 이불을 정리했습
니다.

3 바른 자세로 발표하는 방법으로 알맞은 것을
모두 골라 ○표 하시오.

(1) 또박또박 말한다. ( )
(2) 매우 빠른 속도로 말한다. ( )
(3) 허리를 펴고 바르게 서서 말한다.
( )

중요
4 다음 그림을 보고 빈칸에 알맞은 말을 써넣으
시오. [10점]

언제	가을에
어디서	(1) ( )에서
무엇을	(2) ( )을/를 했다.

5 보기에서 알맞은 말을 골라 바르게 발표를 듣
는 자세를 쓰시오. [12점]

┌ 보기 ┐
집중하며 궁금한 말하는 바라보며
└────────────────────────────┘

(1) [ ] 점을 생각하며 듣습니다.

(2) [ ] 사람을 바라보며 듣습니다.

(3) 딴짓을 하지 않고 [ ] 듣습니다.

(4) 발표하는 친구의 얼굴을 [ ] 듣습
니다.

[6~7] 다음을 보고 물음에 답하시오.

2○○○년 10월 22일 화요일   날씨:

나	는		오	늘		아	침	에		일
어	나		밥	을		먹	고		학	교	에
가	서		공	부	를		했	다	.		그	리
고		집	에		와	서		숙	제	를
하	고		잤	다	.

6 그림일기에 들어갈 내용 중 이 그림일기에서 빠진 것은 무엇인지 쓰시오.

(   )

7 이 그림일기에 대하여 알맞게 말한 친구의 이름을 쓰시오.

> 정은: 그림을 그리지 않았어.
> 민규: 오늘 한 일을 늘어놓기만 했어.
> 성민: 일어나지 않은 일을 상상해서 썼어.

(   )

중요
8 그림일기를 쓸 때 주의할 점으로 알맞지 <u>않은</u> 것은 무엇입니까? ·············· (   )

① 날짜와 요일, 날씨를 쓴다.
② 경험한 일에 대한 생각이나 느낌을 쓴다.
③ 경험한 일이 드러나게 내용을 자세히 쓴다.
④ 선생님이 좋아하실 것 같은 그림을 그린다.
⑤ 경험한 일이 그림에 잘 드러나게 표현한다.

9 알맞은 낱말에 ○표 하시오.

(1) 재현이가 꿈을 (꿉니다 / 줍니다).
(2) 현지가 거울을 (읽습니다 / 닦습니다).

서술형·논술형 문제
10 우리 반이 함께한 일 중에서 가장 기억에 남는 일을 쓰시오. [10점]

_____

_____

[11~14] 다음을 보고 물음에 답하시오.

| 20○○년 9월 15일 화요일 | 날씨: 흐리다가 비가 옴. |

어	머	니	께	서		곰		인	형	을		사
주	셨	다	.		곰		인	형	과		함	께	자
라	고		사		주	신		것	이	다	.	오	늘
부	터		곰		인	형	과		같	이		자	야
겠	다	.											

11 언제 쓴 일기인지 빈칸에 알맞은 말을 쓰시오.

(1) 날짜	( )월 ( )일
(2) 요일	( )요일

⭐12 어떤 일을 쓴 그림일기인가요? ·········· (   )

① 동생과 곰 인형을 산 일
② 어머니께 칭찬을 받은 일
③ 곰 인형이 없어져서 울었던 일
④ 새로 산 곰 인형을 잃어버린 일
⑤ 어머니께서 곰 인형을 사 주신 일

13 그림일기를 쓴 날의 날씨로 알맞은 그림을 찾아 ○표 하시오.

(1)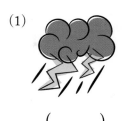

(   )

(2)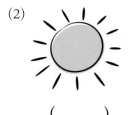

(   )

14 '나'의 기분은 어떠하겠습니까? ·········· (   )

① 슬프다.　　　② 기쁘다.
③ 무섭다.　　　④ 속상하다.
⑤ 걱정스럽다.

15 빈칸에 들어갈 생각이나 느낌을 나타내는 말을 골라 ○표 하시오.

| 오늘은 강아지와 산책을 하다가 노을을 보았다. □□□□ |

(1) 너무 아름다워서 한참을 쳐다봤다.

(   )

(2) 혼자서 운동을 하니 조금 무서웠다.

(   )

16 ⊙ 에 들어갈 내용으로 알맞은 것에 ○표 하시오.

(1) 할머니 댁에서 저녁을 먹은 일 (　　　)
(2) 아침에 일어나자마자 산책을 간 일
　　　　　　　　　　　　　　　(　　　)
(3) 친구들과 운동장에서 달리기 시합을 한 일
　　　　　　　　　　　　　　　(　　　)

17 그림일기를 쓸 때 들어가야 할 내용이 <u>아닌</u> 것은 어느 것입니까?……………(　　　)

① 날씨
② 경험한 일
③ 날짜와 요일
④ 생각이나 느낌
⑤ 그림일기를 쓴 횟수

18 하루 동안에 있었던 일 중에서 기억에 남는 일을 알맞게 말한 친구의 이름을 쓰시오.

> 시아: 나는 커서 소방관이 되고 싶어.
> 영주: 오늘 친구의 생일잔치에 다녀왔어.

（　　　　　　　　　　）

19 친구가 발표를 잘했는지 생각할 점으로 알맞지 <u>않은</u> 것은 무엇입니까?………(　　　)

① 듣는 사람을 바라보며 말했는지
② 알맞은 크기의 목소리로 말했는지
③ 허리를 펴고 바르게 서서 말했는지
④ 내용을 순서대로 잘 정리해서 말했는지
⑤ 친구들이 재미있어하는 내용을 말했는지

20 다음 그림에서 남자아이가 여자아이의 말을 제대로 알아듣지 못한 까닭은 무엇입니까?

• 　　　　　이/가 작아서 잘 안 들렸기 때문입니다.

1 다음 그림일기를 보고 물음에 답하시오.

[총 50점]

20○○년 10월 24일 일요일	날씨: 해가 쨍쨍한 날

	과	수	원	을		하	시	는		할	머
니		댁	에		놀	러		갔	다	.	나
와		동	생	은		빨	갛	게		익	은
사	과	를		땄	다	.	사	과	를		직
접		따	보	니							

(1) 어떤 모습을 그림으로 그렸는지 쓰시오.

[25점]

_____

_____

(2) 빈칸에 들어갈 내용을 쓰시오. [25점]

_____

_____

2 다음 그림일기를 보고 물음에 답하시오.

[총 50점]

9월 4일

	나	는		오	늘		아	침	에
일	어	나	서		세	수	를		하	고
옷	을		입	고		학	교	에		갔
다	.	학	교	에	서		점	심	을
먹	고		친	구	랑		놀	았	다	.
저	녁	에		밥	을		먹	고		잤
다	.								

(1) 이 그림일기의 그림에서 잘못된 부분을 찾아 쓰시오. [25점]

_____

_____

_____

(2) 이 그림일기의 글에서 잘못된 부분을 찾아 쓰시오. [25점]

_____

_____

☀ **누가 무엇을 했는지 생각하며 이야기 듣기**

① 인물의 표정이나 몸짓을 살펴봅니다.
② 인물에게 어떤 일이 있었는지 찾아봅니다.
③ 인물의 생각이나 말, 행동을 살펴봅니다.
㉠「미역도 맛있어」에서 인물의 생각이나 말, 행동

생각	'그럼 나도 한번 먹어 볼까?'
행동	입을 살짝 벌려 미역무침을 먹어 보았다.

☀ **이야기를 읽고 일이 일어난 차례 정리하기**

① 누가 무엇을 했는지를 중심으로 글의 내용을 파악합니다.
② 인물이 '직접 한 말'과 '인물의 생각'을 구분하며 읽어 봅니다.

큰따옴표	인물이 소리 내어 한 말을 적을 때
작은따옴표	인물이 마음속으로 한 말을 적을 때

③ 시간을 나타내는 말을 찾아보며 일이 일어난 차례를 정리합니다.

시간을 나타내는 말	아침, 점심, 저녁

㉠ **따옴표의 종류와 특징**

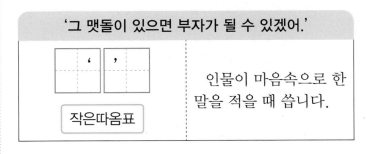

"우리 임금님에게는 신기한 맷돌이 있다네."

" " 큰따옴표	인물이 소리 내어 한 말을 적을 때 씁니다.

'그 맷돌이 있으면 부자가 될 수 있겠어.'

' ' 작은따옴표	인물이 마음속으로 한 말을 적을 때 씁니다.

☀ **만화 영화를 보고 생각이나 느낌 나누기**

① 인물이 어떤 말과 행동을 하는지 살펴 봅니다.
② 인물의 말투, 표정, 몸짓을 자세히 살펴며 봅니다.
③ 만화 영화에서 재미있거나 감동적인 장면을 찾아봅니다.
④ 재미있거나 감동적인 장면에 대해 친구들과 이야기해 봅니다.
㉠「아기 거북이가 숲으로 왔어요!」를 보고 재미있었던 장면 말하기

장면	까투리 가족의 집에서 아기 거북이와 꺼병이들이 재미있게 노는 장면.

 아기 거북이가 미끄럼틀을 타는 모습이 기억에 남았어.

아기 거북이가 까투리 가족의 집으로 찾아오는 장면이 재미있었어.

쪽지시험

① 이야기를 읽고 일이 일어난 차례를 정리할 때는 누가 무엇을 했는지를 중심으로 글의 (내용 / 길이)을/를 파악합니다.

② '그리고'는 시간을 나타내는 말입니다. (○ / ×)

③ 글에서 누가 무엇을 했는지 알아보기 위해서는 인물의 생각이나 말, 행동을 살펴보아야 합니다.
(○ / ×)

④ 인물이 소리 내어 한 말을 적을 때는 (큰따옴표 / 작은따옴표)를 써야 합니다.

* 배점이 표시되어 있지 않은 문제는 문제당 **8점**입니다.

[1~5] 다음 글을 읽고 물음에 답하시오.

오늘 점심시간에 급식 반찬으로 미역무침이 나왔다. 나는 미역을 가장 싫어한다. 하지만 내 친구 서윤이는 미역무침이 맛있다고 했다.
"너도 한번 먹어 봐. 새콤달콤 맛이 얼마나 좋은데."
서윤이는 미역무침을 맛있게 먹었다. 나는 그 모습을 보고도 먹을 용기가 나지 않아 고개를 절레절레 저었다. 하지만 주위를 둘러보니 친구들이 모두 맛있게 미역무침을 먹고 있었다.
'그럼 나도 한번 먹어 볼까?'
나는 눈을 질끈 감고 미역무침을 한번 먹어 보았다. 입을 살짝 벌려 미역무침을 조금 먹어 보았더니 생각보다 맛이 좋았다. 계속 먹다 보니 입안에 새콤함이 가득해졌다. 어느새 미역무침을 모두 다 먹었다.
"주원이는 반찬을 골고루 잘 먹는구나."
선생님께서도 나를 칭찬해 주시며 박수도 쳐 주셨다. 나는 어깨가 으쓱해지고 자꾸만 웃음이 나왔다.
'다음에도 새로운 음식 먹기에 도전해 봐야지.'

1 주원이가 가장 싫어하는 것은 무엇인지 쓰시오.

• 주원이는 ( )을 가장 싫어한다.

2 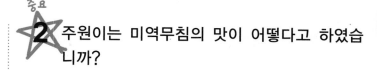 주원이는 미역무침의 맛이 어떻다고 하였습니까?

(싱겁다 / 새콤하다)

3 다음을 말한 인물은 누구입니까? ⋯⋯⋯ ( )

"주원이는 반찬을 골고루 잘 먹는구나."

① 주원　　② 서윤　　③ 선생님
④ 부모님　　⑤ 급식실 아주머니

4 주원이와 비슷한 경험을 한 친구의 이름을 쓰시오. [13점]

은수: 나도 점심시간을 싫어했어.
상헌: 나도 좋아하지 않는 음식인 브로콜리를 용기 내어 먹어 본 적이 있어.

( )

5 일어난 일을 순서대로 정리해 보시오. [13점]

㉮ 선생님께서 주원이를 칭찬해 주셨다.
㉯ 서윤이는 미역무침을 맛있게 먹었다.
㉰ 새콤한 맛이 주원이의 입안에 느껴졌다.
㉱ 주원이는 다음에도 새로운 음식 먹기에 도전해야겠다고 생각했다.

㉯ → ( ) → ( ) → ( )

[6~10] 다음 글을 읽고 물음에 답하시오.

"우리 임금님에게는 ㉠신기한 맷돌이 있다네."

"그 맷돌이 있으면 귀한 물건을 많이 얻을 수 있어."

사람들 뒤에서 도둑이 그 말을 조용히 듣고 있었습니다. 도둑은 고약한 마음을 먹었습니다.

'그 맷돌이 있으면 부자가 될 수 있겠어.'

㉡저녁이 되자 도둑은 궁궐로 숨어들었습니다. 그리고 깊은 밤, 모두 잠든 사이 몰래 맷돌을 훔쳐 도망갔습니다. 그러고 나서 서둘러 배를 타고 바다를 건너 ㉢멀리 도망가려고 했습니다.

도둑은 ㉣서둘러 배를 타고 바다를 건너다가 맷돌을 돌려 보고 싶었습니다. 그래서 세상에서 가장 귀한 ㉮ 나오라고 외쳤습니다.

"나와라, 소금!"

그러자 맷돌에서 하얀 소금이 쏟아져 나왔고, 점점 배 안에 쌓여 갔습니다. 배가 기우뚱거리기 시작했습니다.

도둑은 너무 놀라 무슨 말을 해야 하는지 잊어버렸습니다. 결국, 맷돌은 도둑과 함께 바닷속에 가라앉고 말았습니다.

바닷속에서도 맷돌은 쉬지 않고 돌았습니다. ㉤그래서 바닷물이 짜게 되었습니다.

6 도둑이 훔친 것은 무엇입니까?

(   )

7 ㉠~㉤ 중, 시간을 나타내는 말은 무엇입니까?

(   )

① ㉠   ② ㉡   ③ ㉢

④ ㉣   ⑤ ㉤

8 ㉮ 에 들어갈 알맞은 말은 무엇입니까?

(   )

① 물건이   ② 소금이

③ 친구가   ④ 보물이

⑤ 맷돌이

9 맷돌에서 소금이 계속 나오는데 도둑이 맷돌을 멈추지 않은 까닭은 무엇입니까? (   )

① 갑자기 맷돌이 사라져서

② 배가 너무 심하게 흔들려서

③ 임금님의 얼굴을 보고 깜짝 놀라서

④ 맷돌에서 갑자기 소금이 나오지 않아서

⑤ 너무 놀라 맷돌을 멈출 때 하는 말을 잊어버려서

10 보기의 말을 넣어 일이 일어난 순서를 정리해 보시오. [18점]

┌─ 보기 ─────────────────┐
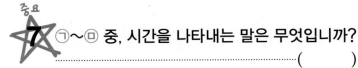
맷돌을   바닷속에   궁궐로
└────────────────────────┘

(1) 도둑은 저녁이 되자 (   ) 숨어들었다.

↓

(2) 모두 잠든 사이 도둑은 (   ) 훔쳐 도망갔다.

↓

(3) 도둑과 맷돌은 (   ) 가라앉았다.

정답 ○ 꼼꼼 풀이집 5쪽

* 배점이 표시되어 있지 않은 문제는 문제당 4점입니다.

[1~5] 다음 글을 읽고 물음에 답하시오.

오늘 점심시간에 급식 반찬으로 미역무침이 나왔다. 나는 미역을 가장 싫어한다. 하지만 내 친구 서윤이는 미역무침이 맛있다고 했다.

"너도 한번 먹어 봐. 새콤달콤 맛이 얼마나 좋은데."

서윤이는 미역무침을 맛있게 먹었다. 나는 그 모습을 보고도 먹을 용기가 나지 않아 고개를 절레절레 저었다. 하지만 주위를 둘러보니 친구들이 모두 맛있게 미역무침을 먹고 있었다.

'그럼 나도 한번 먹어 볼까?'

나는 눈을 질끈 감고 미역무침을 한번 먹어 보았다. 입을 살짝 벌려 미역무침을 조금 먹어 보았더니 생각보다 맛이 좋았다. 계속 먹다 보니 입안에 새콤함이 가득해졌다. 어느새 미역무침을 모두 다 먹었다.

㉠"주원이는 반찬을 골고루 잘 먹는구나."

선생님께서도 나를 칭찬해 주시며 박수도 쳐 주셨다. 나는 어깨가 으쓱해지고 자꾸만 웃음이 나왔다.

'다음에도 새로운 음식 먹기에 도전해 봐야지.'

1 언제 일어난 일입니까?

• 오늘 [   ]에 일어난 일입니다.

2 서윤이는 미역무침의 맛이 어떻다고 하였습니까? ·······( )

① 쓰다. ② 짜다. ③ 맵다.
④ 맛없다. ⑤ 새콤달콤하다.

중요
3 주원이가 한 행동으로 알맞은 것에 ○표 하시오.

(1) 서윤이에게 박수를 쳐 주었다. (   )
(2) 눈을 질끈 감고 미역무침을 한번 먹어 보았다. (   )

4 다음은 누가 한 생각입니까?

'그럼 나도 한번 먹어 볼까?'

(주원이 / 선생님)

5 ㉠을 들은 주원이의 마음은 어떠했겠습니까? ·····( )

① 반갑다. ② 기쁘다.
③ 무섭다. ④ 속상하다.
⑤ 미안하다.

6 누가 무엇을 했는지 생각하며 이야기를 읽을 때 살펴볼 것으로 알맞은 것에 모두 ○표 하시오. [10점]

(1) 인물의 행동 (   )
(2) 인물이 나온 횟수 (   )
(3) 인물의 생각이나 말 (   )

[7~11] 다음 글을 읽고 물음에 답하시오.

㉮어느 날 아침, 사람들은 시장에 모여 신기한 맷돌에 대해 이야기를 했습니다.

"우리 임금님에게는 신기한 맷돌이 있다네."

"그 맷돌이 있으면 귀한 물건을 많이 얻을 수 있어."

사람들 뒤에서 도둑이 그 말을 조용히 듣고 있었습니다. 도둑은 고약한 마음을 먹었습니다.

'그 맷돌이 있으면 부자가 될 수 있겠어.'

저녁이 되자 도둑은 궁궐로 숨어들었습니다. 그리고 깊은 밤, 모두 잠든 사이 몰래 맷돌을 훔쳐 도망갔습니다. 그리고 나서 서둘러 배를 타고 바다를 건너 멀리 도망가려고 했습니다.

도둑은 서둘러 배를 타고 바다를 건너다가 맷돌을 돌려 보고 싶었습니다. 그래서 세상에서 가장 귀한 소금이 나오라고 외쳤습니다.

"나와라, 소금!"

그러자 맷돌에서 하얀 소금이 쏟아져 나왔고, 점점 배 안에 쌓여 갔습니다. 배가 기우뚱거리기 시작했습니다.

도둑은 너무 놀라 무슨 말을 해야 하는지 잊어버렸습니다. 결국, 맷돌은 도둑과 함께 바닷속에 가라앉고 말았습니다.

바닷속에서도 맷돌은 쉬지 않고 돌았습니다. 그래서 바닷물이 짜게 되었습니다.

7 ㉮에서 시간을 나타내는 말은 무엇입니까?
( )

① 모여
② 신기한
③ 이야기를
④ 사람들은
⑤ 어느 날 아침

8 배 위에서 도둑이 한 말에 ○표 하시오.

• "(나와라 / 멈춰라), 소금!"

9 도둑의 성격은 어떠합니까? ·········( )

① 정직하다.　　② 부지런하다.
③ 욕심이 많다.　④ 남을 잘 돕는다.
⑤ 노는 것을 좋아한다.

10 ㉠~㉣을 일이 일어난 순서대로 써 보시오.

㉠ 깊은 밤, 도둑은 궁궐에서 맷돌을 훔쳐 도망갔다.
㉡ 도둑은 시장에서 신기한 맷돌에 대한 이야기를 들었다.
㉢ 맷돌을 멈추는 방법을 잊어버린 도둑은 결국 바닷속에 가라앉았다.
㉣ 도둑은 배를 타고 바다를 건너다가 맷돌을 돌려 소금이 나오게 했다.

( ) → ( ) → ( ) → ( )

서술형·논술형 문제

11 이 이야기를 통해 배울 점을 한 가지 쓰시오.
[12점]

_____

_____

[12~16] 다음 글을 읽고 물음에 답하시오.

어느 평화로운 마을에 양치기 소년이 살았어요.

양치기 소년은 아침 일찍 양 떼를 몰고 풀밭으로 갔어요. 풀밭에 벌렁 드러누운 양치기 소년은 한가로이 풀을 뜯는 양 떼를 보며 생각했어요.

'뭐, 재미있는 일 없을까?'

심심한 양치기 소년은 장난을 치고 싶었어요.

"늑대가 나타났어요! 도와주세요!"

마을 사람들이 깜짝 놀라 뛰어왔어요.

"어디야, 늑대가 어디 있니?"

"심심해서 장난쳤어요."

마을 사람들은 그냥 돌아갔어요.

이튿날 심심해진 양치기 소년은 또다시 늑대가 나타났다고 소리쳤어요. 이번에도 거짓말이라는 것을 알게 된 마을 사람들은 화를 내며 돌아갔어요.

며칠 뒤, 이번에는 진짜로 늑대가 나타났어요.

"늑대가 나타났어요! 도와주세요!"

"쳇, 거짓말쟁이. 우리가 또 속을 줄 알고?"

양치기 소년이 소리쳤지만 마을 사람들은 아무도 오지 않았어요.

양치기 소년은 그때서야 거짓말한 것을 ☐㉠☐했답니다.

12 양치기 소년은 무엇이 나타났다고 거짓말을 했습니까?

(   )

13 빈칸에 들어갈 따옴표로 알맞은 것에 ○표 하시오.

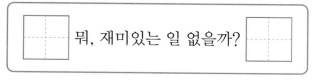

(큰따옴표 / 작은따옴표)

14 다음 문장에서 시간을 나타내는 말을 찾아 밑줄을 그으시오.

(1) 양치기 소년은 아침 일찍 양 떼를 몰고 풀밭으로 갔어요.

(2) 이튿날 심심해진 양치기 소년은 또다시 늑대가 나타났다고 소리쳤어요.

15 양치기 소년에게 해줄 수 있는 말로 알맞은 것은 무엇입니까? ·············(   )

① 거짓말을 하면 안 돼.

② 남의 물건을 훔치면 안 돼.

③ 웃어른께는 높임말을 써야 해.

④ 친구들과 사이좋게 지내야 해.

⑤ 어려움에 처한 사람을 보면 도와줘야 해.

16 ☐㉠☐에 들어갈 말로, 다음과 같은 뜻을 가진 낱말은 무엇입니까? ·············(   )

이전에 자신이 한 일이 잘못임을 깨닫고 자신의 잘못을 꾸짖음.

① 고민   ② 후회   ③ 기억

④ 걱정   ⑤ 칭찬

[17~18] 다음 장면을 보고 물음에 답하시오.

> 장면 **1** 바다에서 놀던 엄마 까투리와 꺼병이들은 우연히 거북 알을 발견했어요. 곧이어 알에서 깨어난 아기 거북이들은 엄마 거북이가 있는 바다로 돌아갔어요.

> 장면 **2** 엄마 까투리와 꺼병이들도 집으로 돌아가려고 했어요. 그러던 그때, 가장 늦게 알아서 깨어난 아기 거북이가 꺼병이들을 따라왔어요.

> 장면 **3** 꺼병이들과 아기 거북이는 집에서 재미있게 놀았어요. 하지만 엄마 까투리는 애타게 아기 거북이를 기다리고 있을 거북이 아줌마가 걱정됐어요.

> 장면 **4** 결국 엄마 까투리와 꺼병이들은 아기 거북이를 집으로 돌려보내 주기 위해 다 같이 바다로 갔어요. 마침내 아기 거북이는 가족들과 다시 만날 수 있었어요.

17 장면 **1** 에서 엄마 까투리와 꺼병이들이 발견한 것은 무엇입니까?

( )

18 빈칸에 들어갈 말로 알맞은 것은 무엇입니까?
....( )

> 민지: 나는 [⬚⬚⬚]를 다시 집으로 돌려보내 주기 위해 다 같이 바다로 가는 장면이 가장 기억에 남아.

① 아빠 까투리 　② 아빠 거북이
③ 까투리 가족 　④ 아기 거북이
⑤ 거북이 아줌마

19 만화 영화를 보고 생각이나 느낌을 말하는 방법을 두 가지 고르시오. ·········(,)

① 떠오르는 만화 영화의 장면에 대한 느낌을 말한다.
② 내가 앞으로 보고 싶은 만화 영화에 대해 소개한다.
③ 만화 영화에 나오는 인물의 말을 그대로 외워서 말한다.
④ 다른 친구가 말한 생각이나 느낌을 그대로 따라서 말한다.
⑤ 만화 영화에서 있었던 일에 대한 생각이나 느낌을 말한다.

20 자신이 본 만화 영화에 대한 생각이나 느낌을 알맞게 말한 친구의 이름을 쓰시오. [10점]

> 나는 「아기 거북이가 숲으로 왔어요!」를 볼 때마다 기분이 좋아. 아기 거북이와 꺼병이들이 즐겁게 노는 모습은 언제 봐도 재밌어.

진영

> 나는 「빨간 모자가 된 아이쿠」를 보고 싶어. 나 빼고 다른 친구들은 이미 다 봤더라고. 이번 주말에 동생과 같이 볼 계획이야.

장미

( )

1 다음 글에서 도둑이 한 행동을 쓰시오. [25점]

> 도둑은 서둘러 배를 타고 바다를 건너다가 맷돌을 돌려 보고 싶었습니다. 그래서 세상에서 가장 귀한 소금이 나오라고 외쳤습니다.
> "나와라, 소금!"

생각이나 말	"나와라, 소금!"
행동	

2 다음 글을 읽고 일어난 일을 정리하여 쓰시오. [각 10점]

> 이튿날 심심해진 양치기 소년은 또다시 늑대가 나타났다고 소리쳤어요. 이번에도 거짓말이라는 것을 알게 된 마을 사람들은 화를 내며 돌아갔어요.
> 며칠 뒤, 이번에는 진짜로 늑대가 나타났어요.
> "늑대가 나타났어요! 도와주세요!"
> "쳇, 거짓말쟁이. 우리가 또 속을 줄 알고?"
> 양치기 소년이 소리쳤지만 마을 사람들은 아무도 오지 않았어요.

(1) 양치기 소년은 또다시 늑대가 나타났다고 (   )을 했다.

↓

(2) 진짜로 (   )가 나타났다.

↓

양치기 소년이 소리쳤지만 마을 사람들은 아무도 오지 않았다.

3 빈칸에 들어갈 따옴표의 종류를 쓰고, 그 따옴표의 특징을 쓰시오. [각 15점]

> 어느 날 아침, 사람들은 시장에 모여 신기한 맷돌에 대해 이야기를 했습니다.
> "우리 임금님에게는 신기한 맷돌이 있다네."
> "그 맷돌이 있으면 귀한 물건을 많이 얻을 수 있어."
> 사람들 뒤에서 도둑이 그 말을 조용히 듣고 있었습니다. 도둑은 고약한 마음을 먹었습니다.
> ☐ 그 맷돌이 있으면 부자가 될 수 있겠어.☐

(1) 따옴표의 종류: _____

(2) 따옴표의 특징: _____

_____

_____

4 다음 글에서 시간을 나타내는 말을 모두 찾아 쓰시오. [25점]

> 저녁이 되자 도둑은 궁궐로 숨어들었습니다. 그리고 깊은 밤, 모두 잠든 사이 몰래 맷돌을 훔쳐 도망갔습니다. 그러고 나서 서둘러 배를 타고 바다를 건너 멀리 도망가려고 했습니다.

_____

✷ 한글을 만든 원리

① 자음자는 글자를 발음할 때의 혀와 입술, 목구멍 등의 모양을 본떠 만들었습니다.

② 모음자는 땅, 하늘, 사람의 모양을 본떠 만들었습니다.

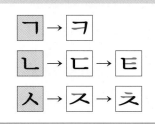

한 획을 더 그어 다른 자음자를 만들 수 있습니다.
ㄱ → ㅋ
ㄴ → ㄷ → ㅌ
ㅅ → ㅈ → ㅊ

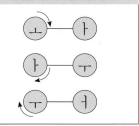

방향을 달리하면 다른 모음자가 됩니다.
ㅗ ↔ ㅏ
ㅏ ↔ ㅜ
ㅜ ↔ ㅓ

✷ 한글의 좋은 점

└→ 세종 대왕   └→ 조선 시대

① 만든 사람과 글자를 세상에 알린 날, 글자를 만든 원리가 알려져 있습니다.

② 쉽게 읽고 쓸 수 있어 배우기 쉽고 편리합니다.

③ 오늘날의 우리도 우리의 생각과 느낌을 자유롭게 표현할 수 있습니다.

✷ 한글의 특징

① 자음자와 모음자를 모아서 글자를 만듭니다.

② 어떠한 글자를 사용하는지에 따라 다른 낱말이 만들어집니다.

③ 낱말을 이루는 자음자나 모음자가 바뀌면 낱말의 모양과 소리, 뜻이 달라집니다.

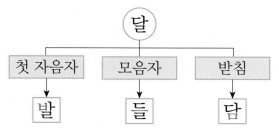

달

첫 자음자	모음자	받침
↓	↓	↓
발	들	담

✷ 글을 읽고 생각이나 느낌 나누기

① 인물이 한 일에 대한 생각이나 느낌을 떠올립니다.

② 인물의 마음을 짐작하여 생각이나 느낌을 떠올립니다.

③ 글 내용에 자신의 생각이나 느낌을 덧붙여 구체적으로 말을 하거나 글을 씁니다.

④ 기분(느낌)을 나타내는 말

기쁘다	자랑스럽다	걱정스럽다
속상하다	슬프다	즐겁다
실망하다	뿌듯하다	서운하다

예 「너무너무 어려운 훌라후프 돌리기」를 읽고 자신의 생각이나 느낌 나누기

친구들처럼 훌라후프를 잘 돌리려고 노력하는 모습이 대단하다고 생각해.

글쓴이가 한 일에 대한 자신의 생각이나 느낌

훌라후프가 있다고 생각하며 허리를 돌린 것이 재치있어.

운동장에 나가기 싫은 글쓴이의 마음을 이해할 수 있어서 글쓴이를 응원하고 싶었어.

글쓴이의 생각이나 느낌에 대한 자신의 생각이나 느낌

칭찬을 받아서 기분이 좋지만 그래도 친구들처럼 훌라후프를 잘하고 싶다는 마음이 느껴져서 안타까웠어.

쪽지시험

❶ (자음자 / 모음자)의 방향을 달리하면 다른 글자가 됩니다.

❷ 한글을 만든 사람은 ☐☐☐☐ 입니다.

❸ 글자를 이루는 자음자와 모음자가 달라지면 글자의 모양과 뜻이 달라집니다. (○ / ×)

❹ 글을 읽고 자신의 생각이나 느낌을 나눌 때 떠올려야 하는 것은 무엇입니까?

(인물의 이름 / 인물이 한 일)

* 배점이 표시되어 있지 않은 문제는 문제당 8점입니다.

중요
1 ㉠에 들어갈 자음자로 알맞은 것은 무엇입니까? ·······( )

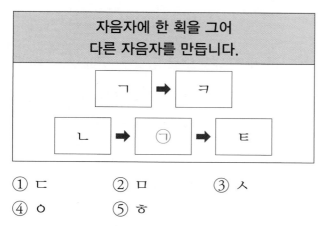

자음자에 한 획을 그어
다른 자음자를 만듭니다.

ㄱ ➡ ㅋ

ㄴ ➡ ㉠ ➡ ㅌ

① ㄷ   ② ㅁ   ③ ㅅ
④ ㅇ   ⑤ ㅎ

2 '불'의 모음자를 바꾸어 만든 낱말은 무엇입니까? ·······( )

① 북   ② 굴   ③ 발
④ 물   ⑤ 붓

3 '솔'의 첫 자음자나 모음자, 받침 중 하나만 바꾸어 뜻이 있는 다른 글자를 만드시오.

솔 ➡ ☐

[4~5] 다음 글을 읽고 물음에 답하시오.

한글이 만들어지기 전 사용했던 한자는 중국 말을 바탕으로 한 글자여서 일반 백성은 글을 배우기가 어려웠어요. 글을 읽을 수 없으니 새로운 법이 생겨도 알지 못해 억울한 일을 당하거나, 나쁜 사람들에게 속기도 하였지요.

이를 안타깝게 여긴 세종 대왕은 누구나 쉽게 배우고 쓸 수 있는 '훈민정음'을 만들었어요. '훈민정음'은 '백성을 가르치는 바른 소리'라는 뜻으로, 한글의 옛 이름이에요.

4 이 글의 내용으로 알맞지 <u>않은</u> 것은 무엇입니까? ·······( )

① 훈민정음은 한글의 옛 이름이다.
② 우리나라는 처음부터 한글을 썼다.
③ 한글은 누구나 쉽게 배우고 쓸 수 있다.
④ 일반 백성은 한자를 배우기 쉽지 않았다.
⑤ 한자는 중국 말을 바탕으로 한 글자이다.

서술형·논술형 문제

5 세종 대왕이 한글을 만든 까닭을 쓰시오. [20점]

_____

_____

[6~7] 다음 글을 읽고 물음에 답하시오.

"자, 이제 운동장에 나가 볼까요?"
선생님의 말씀에 친구들은 모두 "우아!" 하고 소리를 질렀다. 나만 "어휴."라고 했다. 왜냐하면 훌라후프로 운동하는 시간이기 때문이다.
친구들은 훌라후프가 떨어지지 않게 잘 돌린다. 그런데 내가 하면 훌라후프가 금방 뚝 떨어진다.
친구들처럼 훌라후프를 잘 돌리고 싶어서 나는 훌라후프가 있다고 생각하면서 허리를 이리저리 움직였다. 선생님은 훌라후프 돌리기를 포기하지 않고 노력하는 모습이 기특하다고 칭찬해 주셨다. 칭찬을 받아서 기분이 좋았지만 다음에는 친구들처럼 훌라후프를 잘 돌리면 좋겠다.

6 '나'가 훌라후프가 있다고 생각하며 허리를 이리저리 움직인 까닭은 무엇입니까? ··( )

① 축구 대회에서 질까 봐 걱정되어서
② 친구들만큼 달리기를 잘하고 싶어서
③ 훌라후프를 안 좋아하는 친구가 많아서
④ 친구들처럼 훌라후프를 잘 돌리고 싶어서
⑤ 훌라후프를 잘 돌리지 못하는 친구들을 도와주려고

7 이 글을 읽은 뒤 떠올린 생각이나 느낌으로 알맞은 것의 기호를 쓰시오. [12점]

> ㉠ 뭐든지 잘하는 '나'가 부럽고 대단해.
> ㉡ 나는 줄넘기를 잘 못하는데, '나'처럼 계속 노력해 보아야겠다고 생각했어.

( )

[8~10] 다음 글을 읽고 물음에 답하시오.

우주에서는 모든 것이 둥둥 떠다녀요. 사람들이 타고 있는 우주선 안의 물건도 둥둥 떠다녀요. 물건이 둥둥 떠다니면 다치거나 위험해질 수 있어요. 그래서 물건을 묶거나 어딘가에 붙여 두어야 해요.
화장실에서 볼일을 볼 때에는 몸이 둥둥 뜨지 않게 발걸이와 손잡이를 이용해 몸을 고정해요. 잠을 잘 때에는 벽에 붙여 놓은 이불 속에 들어가서 자요. 음식을 먹을 때에는 음식을 담아 둔 주머니와 ㉠수저가 떠다니지 않게 식판에 붙여 놓고 먹어야 해요.

8 이 글의 내용으로 알맞은 것에 ○표 하시오.

(1) 우주는 사람이 갈 수 없다. ( )
(2) 우주에서는 밥을 먹지 않는다. ( )
(3) 우주에서는 모든 것들이 떠다닌다.

( )

9 ㉠을 셀 때 쓰는 낱말로 알맞은 것은 무엇입니까? ····( )

① 명 ② 벌 ③ 켤레
④ 송이 ⑤ 마리

10 이 글을 읽고 든 생각이나 느낌을 가장 알맞게 말한 친구는 누구입니까? [12점]

> 화우: 지구는 정말 아름다울까?
> 리나: 우주에서는 어떻게 몸을 씻는지도 궁금해.
> 지혁: 급식을 받으러 갈 때는 뛰지 말아야 하는구나.

( )

정답 ➡ 꼼꼼 풀이집 6쪽

* 배점이 표시되어 있지 않은 문제는 문제당 4점입니다.

[1~3] 다음 글을 읽고 물음에 답하시오.

⑺ 한글이 만들어지기 전 사용했던 한자는 중국 말을 바탕으로 한 글자여서 일반 백성은 글을 배우기가 어려웠어요. 글을 읽을 수 없으니 새로운 법이 생겨도 알지 못해 억울한 일을 당하거나, 나쁜 사람들에게 속기도 하였지요.

⑻ 이를 안타깝게 여긴 세종 대왕은 누구나 쉽게 배우고 쓸 수 있는 '훈민정음'을 만들었어요. '훈민정음'은 '백성을 가르치는 바른 소리'라는 뜻으로, 한글의 옛 이름이에요.

⑼ 한글은 자음자와 모음자를 모아 소리를 적어요. 자음자와 모음자 몇 개만 알면 수많은 소리를 쉽게 적고 읽을 수 있기 때문에 누구나 쉽게 배울 수 있지요.

1 한자와 한글의 특징을 각각 선으로 이으시오. [각 2점]

(1) 중국 말을 바탕으로 하였다. ·

(2) 자음자와 모음자를 모아 소리를 적는다. ·

(3) 누구나 쉽게 배울 수 있다. ·

· ① 한글

· ② 한자

⭐2 세종 대왕이 한글을 만든 까닭을 쓰시오.

· 글을 몰라 어려움을 겪는 [ ]을 안타깝게 여겼기 때문이다.

3 한글이 만들어진 후 백성의 삶은 어떻게 달라졌겠습니까? [6점] ( )

① 달라진 것이 없었을 것이다.
② 농사를 짓기 어려워졌을 것이다.
③ 중국 말을 잘하게 되었을 것이다.
④ 한자를 더 많이 사용하였을 것이다.
⑤ 글을 읽고 쓸 줄 알게 되었을 것이다.

4 보기의 빈칸에 모두 들어갈 말은 무엇입니까? ( )

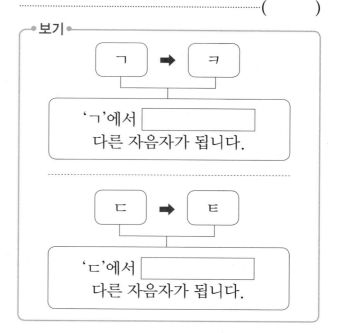

ㄱ ➡ ㅋ

'ㄱ'에서 [ ] 다른 자음자가 됩니다.

ㄷ ➡ ㅌ

'ㄷ'에서 [ ] 다른 자음자가 됩니다.

① 한 획을 지우면
② 한 획을 더 그으면
③ 위아래로 뒤집으면
④ 같은 글자를 겹치면
⑤ 땅, 하늘, 사람을 본뜨면

5 보기의 ⬤에 들어갈 모음자는 무엇입니까? ·· (   )

보기
방향을 달리하면 다른 모음자가 됩니다.

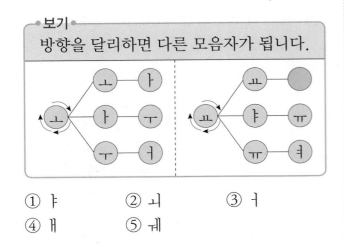

① ㅑ   ② ㅚ   ③ ㅓ
④ ㅐ   ⑤ ㅖ

6 다음 낱말을 이루는 자음자와 모음자에 모두 ◯표 하시오.

종

(1) ㄱ (   )   (2) ㅈ (   )
(3) ㅇ (   )   (4) ㄴ (   )
(5) ㅓ (   )

7 빈칸을 채워 한글의 특징을 쓰시오. [8점]

• 낱말을 이루는 자음자나 [   ]가
  바뀌면 낱말의 모양과 소리, 뜻이 달라진다.

8 '곰'의 다음 부분을 바꾸어 만든 낱말을 보기에서 찾아 쓰시오. [각 2점]

보기
솜   산   공   말   금

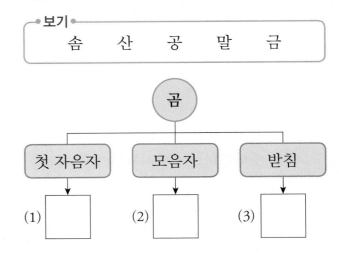

(1) [첫 자음자]   (2) [모음자]   (3) [받침]

9 보기에서 다른 낱말이 만들어진 까닭을 알맞게 설명한 것은 무엇입니까? ··············· (   )

보기
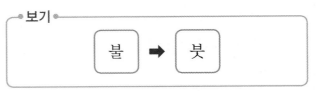
불 ➡ 붓

① 받침이 바뀌어서
② 모음자가 바뀌어서
③ 글자에 획을 더해서
④ 첫 자음자가 바뀌어서
⑤ 글자의 방향이 달라져서

10 (   ) 안의 알맞은 낱말에 ◯표 하시오.

• 벽 의 받침을 바꾸면
  (북 / 별)이 된다.

[11~13] 다음 글을 읽고 물음에 답하시오.

> "자, 이제 운동장에 나가 볼까요?"
> 선생님의 말씀에 친구들은 모두 "우아!" 하고 소리를 질렀다. 나만 "어휴."라고 했다. 왜냐하면 훌라후프로 운동하는 시간이기 때문이다.
> 친구들은 훌라후프가 떨어지지 않게 잘 돌린다. 그런데 내가 하면 훌라후프가 금방 뚝 떨어진다.
> 친구들처럼 훌라후프를 잘 돌리고 싶어서 나는 훌라후프가 있다고 생각하면서 허리를 이리저리 움직였다. 선생님은 훌라후프 돌리기를 포기하지 않고 노력하는 모습이 기특하다고 칭찬해 주셨다. 칭찬을 받아서 기분이 좋았지만 다음에는 친구들처럼 훌라후프를 잘 돌리면 좋겠다.

11 다음과 같은 선생님의 말씀에 '나'와 친구들이 한 말을 쓰시오. [각 3점]

> 선생님: 자, 이제 운동장에 나가 볼까요?

(1) 나: "[   ]"

(2) 친구들: "[   ]"

12 훌라후프를 잘 돌리는 친구들을 볼 때 '나'의 마음은 어떠하였겠습니까? ·············(   )

① 기쁘다.
② 부럽다.
③ 뿌듯하다.
④ 재미있다.
⑤ 기분이 좋다.

13 빈칸에 들어갈 이 글에 대한 생각이나 느낌으로 알맞은 것에 ○표 하시오.

(1) 훌라후프 두 개를 한 번에 돌린다고 상상을 하며 허리를 움직일 생각을 한 것이 재치 있어. (   )

(2) 칭찬을 받아서 기분이 좋지만, 친구들처럼 훌라후프를 잘 돌리고 싶다는 마음이 느껴져서 안타까웠어. (   )

중요
14 책에 대한 자신의 생각을 알맞게 표현하지 **못한** 것의 기호를 쓰시오.

> ㉠ 책은 비행기같아. 책은 나를 어디로든지 데려다 줄 수 있잖아.
> ㉡ 나는 책을 마법이라고 생각해. 왜냐하면 책을 읽으면 시간이 빨리 지나가기 때문이야.
> ㉢ 책은 이야기를 적거나 인쇄해서 묶어 놓은 종이를 말해. 도서관에 가면 책을 빌려볼 수 있지.

(   )

[15~17] 다음 안내판을 보고 물음에 답하시오.

> 도토리와 ㉠밤은 겨울철
> 야생 동물의 ㉡먹이입니다.
>
> ㉮다람쥐에게 도토리를
> ㉢돌려주세요!

15 ㉮'다람쥐'를 셀 때 쓰는 낱말로 알맞은 것은 무엇입니까? ··············( )

① 명   ② 대   ③ 장
④ 마리   ⑤ 그루

16 ㉠~㉢ 중에서 동의 받침만 바꾸어서 만들 수 있는 글자의 기호를 쓰시오.

( )

17 안내판이 전하려는 내용과 관련이 없는 생각이나 느낌을 말한 친구는 누구입니까?

> 다영: 산에서 함부로 밤이나 도토리를 줍지 말아야겠어.
> 민규: 도토리로는 도토리묵을, 밤으로는 군밤을 만들어 먹을 수 있어.
> 재현: 사람들이 도토리를 모두 가져가서 겨울철 먹이가 없을 다람쥐가 불쌍해.

( )

[18~20] 다음 글을 읽고 물음에 답하시오.

> 우주에서는 모든 것이 둥둥 떠다녀요. 사람들이 타고 있는 우주선 안의 물건도 둥둥 떠다녀요. 물건이 둥둥 떠다니면 다치거나 위험해질 수 있어요. 그래서 물건을 묶거나 어딘가에 붙여 두어야 해요.
> 화장실에서 볼일을 볼 때에는 몸이 둥둥 뜨지 않게 발걸이와 손잡이를 이용해 몸을 고정해요. 잠을 잘 때에는 벽에 붙여 놓은 이불 속에 들어가서 자요. 음식을 먹을 때에는 음식을 담아 둔 주머니와 수저가 떠다니지 않게 식판에 붙여 놓고 먹어야 해요.

18 우주에서 볼일을 볼 때 몸이 뜨지 않게 하는 방법을 쓰시오.

• [   ]와 손잡이로 몸을 고정한다.

19 우주선에서 물건을 묶거나 어딘가에 붙여 두는 까닭은 무엇입니까? ··············( )

① 우주에는 불빛이 없어서
② 우주에서는 잠을 자지 않아서
③ 우주에서는 밥을 먹지 않아서
④ 떠다니는 물건에 다칠 수 있어서
⑤ 우주선 안에서는 물건이 떠다니지 않아서

서술형·논술형 문제

20 이 글을 읽고 떠오른 자신의 생각이나 느낌을 쓰시오. [12점]

_____

_____

1 다음 글을 읽고 물음에 답하시오. [총 30점]

한글이 만들어지기 전 사용했던 한자는 중국 말을 바탕으로 한 글자여서 일반 백성은 글을 배우기가 어려웠어요. 글을 읽을 수 없으니 새로운 법이 생겨도 알지 못해 억울한 일을 당하거나, 나쁜 사람들에게 속기도 하였지요.

이를 안타깝게 여긴 세종 대왕은 누구나 쉽게 배우고 쓸 수 있는 '훈민정음'을 만들었어요. '훈민정음'은 '백성을 가르치는 바른 소리'라는 뜻으로, 한글의 옛 이름이에요.

한글의 ㉠모음자는 하늘과 땅, 사람의 모양을 본떠 만들었고, ㉡자음자는 말소리를 내는 혀와 입, 목구멍 등의 모양을 본떠 만들었어요.

(1) ㉠과 ㉡은 각각 무엇을 본떠 만들었는지 쓰시오. [14점]

㉠	
㉡	

(2) 한글 덕분에 오늘날의 우리들이 누리는 편리함은 무엇이 있을지 자신의 생각을 쓰시오. [16점]

_____

_____

2 다음 글을 읽고 물음에 답하시오. [총 25점]

"자, 이제 운동장에 나가 볼까요?"

선생님의 말씀에 친구들은 모두 "우아!" 하고 소리를 질렀다. 나만 "어휴."라고 했다. 왜냐하면 훌라후프로 운동하는 시간이기 때문이다.

친구들은 훌라후프가 떨어지지 않게 잘 돌린다. 그런데 내가 하면 훌라후프가 금방 뚝 떨어진다.

친구들처럼 훌라후프를 잘 돌리고 싶어서 나는 훌라후프가 있다고 생각하면서 허리를 이리저리 움직였다. 선생님은 훌라후프 돌리기를 포기하지 않고 노력하는 모습이 기특하다고 칭찬해 주셨다. 칭찬을 받아서 기분이 좋았지만 다음에는 친구들처럼 훌라후프를 잘 돌리면 좋겠다.

(1) '내'가 "어휴."라고 말한 까닭은 무엇일지 쓰시오. [10점]

'나'는

훌라후프로 운동하는 시간이 되자 "어휴."라고 했다.

(2) '나'를 응원하는 말을 문장으로 쓰시오. [15점]

_____

_____

☀ 자신의 생각을 문장으로 표현하기

① 문장은 낱말을 모아서 만든 하나의 줄글입니다.
② 문장의 끝에는 문장 부호를 씁니다.
③ 영상이나 글 등에서 하려는 말을 파악합니다.
④ 관련된 자신의 경험을 떠올리거나 자신이 할 수 있는 일을 생각하여 문장으로 씁니다.

☀ 문제 상황에서 자신의 생각을 문장으로 표현하기

① 어떤 문제가 있는지 알아봅니다.
② 문제를 해결할 방법을 떠올립니다.
③ 자신의 생각을 문장으로 씁니다.
예 그림을 보고 자신의 생각을 문장으로 쓰기

뒷면은 아직 더 쓸 수 있는데….

문제	더 쓸 수 있는 종이를 버리려고 하는 상황

+

해결 방법	종이를 뒤집어서 써요.

↓ → 까닭을 밝혀서 쓰면 더 구체적으로 생각을 표현할 수 있음

자신의 생각	아직 더 쓸 수 있으니까 종이를 뒤집어서 쓰면 좋겠어요.

☀ 낱말을 바르게 읽고 쓰기

① 소리가 같지만 뜻이 다른 낱말이 있습니다.
② 모든 글자를 소리 나는 대로 쓰면 읽는 사람이 낱말의 뜻을 알기 어렵습니다.
예 소리가 같지만 뜻이 다른 낱말

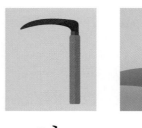  

낫　　　　낮　　　　낯

낱말의 글자	받침이 다릅니다.
낱말의 소리	모두 [낟]으로 같습니다.

☀ 문장을 자연스럽게 띄어 읽기

① 의미가 잘 드러나게 띄어 읽습니다.
② 누가, 무엇을 했는지를 생각하며 띄어 읽습니다.
③ 문장이 긴 경우 앞 내용과 뒤에 오는 내용이 잘 구분되게 띄어 읽습니다.

누가(무엇이)

부지런한 개미는∨뜨거운 햇빛 아래에서∨열심히 일했습니다.

게으른 베짱이는∨일을 하지 않고 놀아서∨겨울에 먹을 것이 없었습니다.

점수

정답 ◑ 꼼꼼 풀이집 7쪽

쪽지시험

① □□은 낱말을 모아서 만든 하나의 줄글입니다.

② 모든 글자는 소리 나는 대로 적습니다. (○ / ×)

③ '벼와 풀을 베는 농기구.'를 나타내는 낱말은 (낫 / 낮 / 낯)입니다.

④ 문장을 자연스럽게 띄어 읽기 위해서는 (문장의 내용 / 낱말의 개수)을/를 생각하여야 합니다.

* 배점이 표시되어 있지 않은 문제는 문제당 8점입니다.

1 다음 표의 ( ) 안에 들어갈 알맞은 말에 ○ 표 하시오.

문제	밥을 먹을 때 (장난을 치고 / 새치기를 하고) 있는 상황

\+

해결 방법	수저를 손에 쥐고 바르게 앉아서 밥을 먹습니다.

2 자신의 생각이 더 잘 드러나게 문장으로 표현한 것에 ○표 하시오. [10점]

(1) 책상 위가 이상해요.	
(2) 책상이 너무 지저분하니까 정리를 해야 해요.	

서술형·논술형 문제

3 다음 그림을 보고 떠오른 자신의 생각을 문장으로 쓰시오. [20점]

_____

_____

4 다음 곡식의 이름에 알맞은 받침을 쓰시오.

파

중요

5 다음 글에서 잘못 쓴 낱말을 찾아 ○표 하고, 바르게 고쳐 쓰시오. [각 4점]

제가 가장 좋아하는 음식은 숯불에 구운 돼지갈비입니다. 깻잎에 돼지갈비를 싸서 먹으면 참 맛있습니다.

➡ ( )

국어

[6~8] 다음 글을 읽고 물음에 답하시오.

여러분, 안녕하세요. 저는 소방서에서 일하는 소방관입니다. ㉠오늘은 우리 모두의 안전을 지키기 위한 방법을 이야기하려고 합니다.
첫째, 소방서에 장난 전화를 하면 안 됩니다. 신고가 들어오면 소방관은 바로 출동해야 합니다. 그런데 만약 그 전화가 장난이라면 정말 도움이 필요한 다른 사람들에게 소방관이 갈 수 없게 됩니다. 소방관들이 위험에 처한 사람들을 도울 수 있게 장난 전화를 하지 말아 주세요.

6 이 글에서 부탁을 하고 있는 사람은 누구입니까? ···············( )

① 소방관   ② 미용사
③ 선생님   ④ 경찰관
⑤ 간호사

7 ㉠을 알맞게 띄어 읽지 <u>못한</u> 부분은 어디입니까? ·······························( )

오늘은①V우리 모두의 안전을②V지키기 위한 방법을③V이야기하④V려고 합니다.

8 이 글에서 하고 있는 부탁은 무엇입니까? ·······························( )

① 소방관을 응원해 주세요.
② 소방서에 자주 놀러 와 주세요.
③ 신고가 들어오면 바로 출동해 주세요.
④ 소방서에 장난 전화를 하지 말아 주세요.
⑤ 도움이 필요한 사람들에게 먼저 손을 뻗어 주세요.

[9~10] 다음 글을 읽고 물음에 답하시오.

어느 마을에 괜찮아 아저씨가 살고 있었어요.
아저씨는 아침이면 세수를 하고 머리 모양을 만들었지요.
그리고 이렇게 말했죠.
"오, 괜찮은데?"
아저씨는 머리카락 숫자를 세었어요.

아저씨가 낮잠을 자는데 새들이 포르르.
머리카락 한 올이 쏘옥~
㉠다음 날, 아저씨는 세수를 하고 머리카락을 세 개씩 묶었어요.
"오, 괜찮은데?"

9 아저씨가 아침에 하는 일에 모두 ○표 하시오.
[10점]

(1) 세수를 한다.   (   )
(2) 새들에게 밥을 준다.   (   )
(3) 머리 모양을 만든다.   (   )
(4) 빗자루로 마당을 청소한다.   (   )
(5) 머리카락 한 올을 쏘옥 뽑는다. (   )

10 ㉠을 가장 자연스럽게 띄어 읽은 친구는 누구입니까? [12점]

동민	다음 날,∨아저씨는 세수를 하고∨머리카락을 세 개씩 묶었어요.
태민	다음 날, 아저씨∨는 세수를 하고 머리카락을 세∨개씩 묶었∨어요.
나현	다음∨날,∨아저씨는∨세수를∨하고∨머리카락을∨세∨개씩∨묶었어요.

( )

정답 ● 꼼꼼 풀이집 7쪽

* 배점이 표시되어 있지 않은 문제는 문제당 4점입니다.

1 다음 그림에 대한 자신의 생각을 문장으로 쓴 것으로 가장 알맞은 것은 무엇입니까? ·········( )

뒷면은 아직 더 쓸 수 있는데….

① 종이를 아끼기
② 종이는 종이 버리는 곳에
③ 읽고 난 책은 제자리에 두자.
④ 종이를 아끼기 위해 뒷면을 더 쓰면 좋 겠다.
⑤ 미술 준비물을 잘 챙기면 칭찬을 받을 수 있다.

2 자신의 생각이 잘 드러나게 쓴 문장을 고르시오.

> ㉠ 하면 안 돼요.
> ㉡ 도서관에서는 책을 빌릴 수 있어요.
> ㉢ 이 책은 주인공이 우주를 여행하는 내 용이 있어서 재미있어요.

( )

3 다음은 자신의 생각을 문장으로 표현한 것입 니다. 문장의 순서대로 기호를 쓰시오. [8점]

> ㉠ 저는 쓰레기를 줄이기 위해
> ㉡ 생각했어요.
> ㉢ 사용하지 말아야겠다고
> ㉣ 될 수 있으면 일회용품을

㉠ – ( ) – ( ) – ( )

4 보기에서 알맞은 낱말을 골라 빈칸에 쓰시오. [각 3점]

> ┌ 보기 ┐
> 낫   낮   낯

• 해가 쨍쨍한 (1) ▢ 에 축구를 했더 니 나와 친구의 (2) ▢ 에 땀이 송글 송글 맺혔습니다.

5 그림에 어울리는 문장을 알맞게 쓴 것은 무엇 입니까? ·········( )

① 꽃향기를 맑습니다.
② 꽃향기를 맞습니다.
③ 꽃향기를 맏습니다.
④ 꽃향기를 맞습니다.
⑤ 꽃향기를 맡습니다.

6 그림을 보고, 글자에 들어갈 받침을 쓰시오.

친구들과 함께 유▢놀이를 했습니다.

[7~11] 다음 글을 읽고 물음에 답하시오.

(가) 도로에 있는 소화전 근처에는 차를 대면 안 됩니다. 소방관은 불이 났을 때 소방차에 있는 물을 뿌려 불을 끕니다. 하지만 소방차에는 많은 물을 가지고 다닐 수 없습니다. 그래서 도로에 물을 끌어다 쓸 수 있는 곳을 만들어 놓았지요. '소방 용수'라고 적힌 표지판이나 도로에 빨간색으로 칠해진 곳을 본 적이 있나요? 소방차는 그곳에서 물을 끌어다 쓴답니다. 부모님께서 소화전 근처에 주차하시지 않도록 꼭 말씀드려 주세요.

(나) 불이 난 곳 근처에서 구경하지 말고 빠르게 대피해야 합니다. ㉠건물에 불이 나면 불에 탄 물건이 우리의 머리 위로 떨어질 수도 있습니다. 불이 나면 모두의 안전을 위해 건물에서 ㉡멀리 떨어진 곳으로 대피해야 합니다.

7 소화전 근처에 차를 대면 안 되는 까닭은 무엇입니까? ·····················( )

① 소화전 옆이 주차장이라서
② 신고가 들어오면 출동해야 해서
③ 부모님께서 주차하시는 곳이라서
④ 도로에서는 교통 신호를 지켜야 해서
⑤ 소방관이 물을 끌어다 쓰는 곳이라서

8 소화전이 있는 곳을 알아볼 수 있는 특징을 쓰시오.

• '소방 용수'라고 적힌 표지판이 있거나 도로에 [　　　　] 으로 칠해져 있다.

9 글 (나)에서 불이 나면 어떻게 하여야 한다고 했는지 쓰시오. [10점]

＿＿＿＿＿＿＿＿＿＿＿＿＿＿＿

＿＿＿＿＿＿＿＿＿＿＿＿＿＿＿

10 중요 보기와 같이 ㉠을 띄어 읽었을 때 이에 대한 설명으로 알맞지 않은 것은 무엇입니까? [8점]
························( )

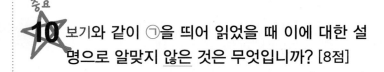
보기
　건물에 불이 나면∨불에 탄 물건이∨우리의 머리 위로∨떨어질 수도 있습니다.

① 자연스럽게 띄어 읽었다.
② 모든 낱말마다 띄어 읽었다.
③ '누가(무엇이)' 뒤에서 띄어 읽었다.
④ 문장의 뜻을 생각하며 띄어 읽었다.
⑤ 조건을 나타내는 말 뒤에서 띄어 읽었다.

11 ㉡의 반대말은 무엇입니까? ·········( )

① 빨리
② 널리
③ 멋대로
④ 깨끗이
⑤ 가까이

[12~15] 다음 글을 읽고 물음에 답하시오.

> (가) 비 오는 날, 거미가 아저씨 머리에 매달려 흔들흔들.
> 　머리카락 한 올이 쏘옥~
> 　다음 날, 아저씨는 세수를 하고 가르마를 탔어요.
> 　"오, 괜찮은데?"
>
> (나) 아저씨는 곰이랑 시소를 타고 오르락내리락.
> 　머리카락 한 올이 쏘옥~
> 　다음 날, 아저씨는 세수를 하고 머리카락을 꼬불꼬불 말았어요.
> 　"오, 괜찮은데?"
>
> (다) ㉠아저씨랑 깡충깡충 토끼가 달리기 경주를 하니 머리카락 한 올이 쏘옥~
> 　다음 날, 아저씨는 세수를 하고 머리카락을 땋았어요.
> 　"오, 괜찮은데?"

12 아저씨가 세수를 하고 머리 모양을 만든 뒤 하는 말을 쓰시오.

　• "오, 　　　　　　　　　　"

13 아저씨의 머리카락이 빠진 까닭이 <u>아닌</u> 것의 기호를 쓰시오.

> ㉠ 곰과 시소를 타서
> ㉡ 토끼와 경주를 해서
> ㉢ 거미가 머리카락에 매달려서
> ㉣ 병아리가 머리를 빗어 주어서

　　　　　　　(　　　　　　　　)

14 아저씨가 한 머리 모양을 선으로 이으시오.

(1) 글 (가) •

(2) 글 (나) •

(3) 글 (다) •

• ① 꼬불꼬불 말았다.

• ② 가르마를 탔다.

• ③ 머리카락을 땋았다.

• ④ 머리카락 한 올을 뽑았다.

15 ㉠을 가장 자연스럽게 띄어 읽은 친구의 얼굴에 ○표 하시오.

아저씨랑 깡충깡충 토끼가∨달리기 경주를 하니∨머리카락 한 올이 쏘옥~

아저씨랑∨깡충깡충 토∨끼가 달리기 경주를∨하니∨머리카락 한∨올이 쏘옥~

아저씨랑∨깡충깡충∨토끼가∨달리기∨경주를∨하니∨머리카락∨한 올이∨쏘옥~

16 다음 쪽지에서 글자를 바르게 쓴 낱말은 무엇입니까? ······ ( )

> 대한초등학교 압 꼿집에서 다섯 걸음 떨어진 곳에서 나는 빨간색 온을 입고 있다. 나를 찾아라.

① 압
② 꼿집
③ 다섯
④ 온을
⑤ 찾아라

17 모든 글자를 소리 나는 대로 쓰면 안 되는 까닭은 무엇입니까? [8점] ······ ( )

① 글자가 삐뚤빼뚤해져서
② 글자의 모양이 예쁘지 않아서
③ 읽는 사람이 뜻을 알기 어려워서
④ 쓰는 사람이 뜻을 알기 어려워서
⑤ 읽는 사람이 소리를 알기 어려워서

18 문장을 가장 자연스럽게 띄어 읽은 것에 ○표 하시오.

(1) 개는∨혀로 더위를 식힙니다.∨∨혀를 입 밖으로 쭉 내밀어∨몸을 시원하게 만들지요.	( )
(2) 개는∨혀로 더∨위를 식힙니다.∨∨혀를 입∨밖으로 쭉 내밀어 몸을 시원∨하게 만들지요.	( )
(3) 개는∨혀로∨더위를∨식힙니다.∨∨혀를∨입∨밖으로∨쭉∨내밀어∨몸을∨시원하게∨만들지요.	( )

[19~20] 다음 그림을 보고 물음에 답하시오.

19 어떠한 문제가 있습니까? ······ ( )

① 급식실에서 장난을 쳤다.
② 좋아하지 않는 반찬이 나왔다.
③ 급식 시간에 줄을 새치기했다.
④ 친구가 좋아하는 반찬이 나왔다.
⑤ 먹으면 안 되는 음식이 반찬으로 나왔다.

20 준혁이가 말할 내용을 가장 잘 드러낸 문장의 기호를 쓰시오.

> ㉠ 싫어요.
> ㉡ 제가 좋아하는 반찬이니까 많이 담아 주세요.
> ㉢ 이 음식을 먹으면 피부가 빨개지고 가려워져서 먹고 싶지 않아요.
> ㉣ 그런데요, 제가요, 이 반찬은 먹으면 안 되어서요, 그래서요, 안 먹고 싶어요.

( )

1 다음 광고를 보고 물음에 답하시오. [총 20점]

5 발명보다 위대한 발견	**6** 낭비되고 있는 에너지를 발견하세요!

(1) 광고에서 하려는 말은 무엇입니까? [5점]

낭비되는 [　　　　　]를 아끼자는 말을

전하려고 합니다.

(2) 광고에서 하려는 말과 관련된 자신의 생각이나 느낌을 문장으로 쓰시오. [15점]

_____

_____

2 다음 글을 읽고 물음에 답하시오. [총 20점]

㈎ 소방서에 장난 전화를 하면 안 됩니다. ㉠신고가 들어오면 소방관은 바로 출동해야 합니다. 그런데 만약 그 전화가 장난이라면 정말 도움이 필요한 다른 사람들에게 소방관이 갈 수 없게 됩니다. 소방관들이 위험에 처한 사람들을 도울 수 있게 장난 전화를 하지 말아 주세요.

㈏ 도로에 있는 소화전 근처에는 차를 대면 안 됩니다. 소방관은 불이 났을 때 소방차에 있는 물을 뿌려 불을 끕니다. 하지만 소방차에는 많은 물을 가지고 다닐 수 없습니다. 그래서 도로에 물을 끌어다 쓸 수 있는 곳을 만들어 놓았지요. '소방 용수'라고 적힌 표지판이나 도로에 빨간색으로 칠해진 곳을 본 적이 있나요? 소방차는 그곳에서 물을 끌어다 쓴답니다. 부모님께서 소화전 근처에 주차하시지 않도록 꼭 말씀드려 주세요.

(1) 글 ㈎에서 소방관이 부탁하는 내용은 무엇인지 쓰시오. [6점]

소방서에 [　　　　　]를 걸지 말아

달라고 부탁했습니다.

(2) 글 ㈏에서 소방관이 부탁하는 내용을 문장으로 쓰시오. [14점]

_____

_____

❈ 설명하는 글

① 어떤 대상에 대해 자세하게 알려 주는 글입니다.

② 일의 방법이나 순서를 설명하는 글도 있습니다.

 로봇 조립 설명서	로봇 조립 설명서
	장난감 로봇을 조립하는 순서와 방법을 설명하는 글
 도서관 이용 안내	도서관 이용 안내
	도서관을 이용하는 방법, 도서관을 이용할 때 지켜야 할 점 등을 설명하는 글

❈ 설명하는 글을 읽으면 좋은 점

① 대상에 대한 자세한 정보를 알 수 있습니다.

② 어떤 일을 하는 순서와 방법을 잘 알 수 있습니다.

> 설명하는 글을 읽으니 종이를 어떤 순서로 어떻게 접어야 할지 알 수 있구나!

┗ 설명하는 대상

❈ 설명하는 대상을 찾으며 글 읽기

① 글의 제목을 보고 글에서 설명하는 대상을 짐작할 수 있습니다.

② 글에서 알려 주려는 내용이 무엇인지 생각하며 읽습니다.

③ 글에서 자세하게 설명하는 내용이 무엇인지 생각하며 읽습니다.

④ 글에서 중요하다고 생각하는 부분에 밑줄을 그어 가며 읽습니다.

❈ 겪은 일 쓰기

① 소개하고 싶은 겪은 일을 떠올려 씁니다.

② 언제, 어디에서, 누구와 어떤 일을 겪었는지 떠올려 씁니다.

③ 겪은 일에 대한 생각이나 느낌이 잘 드러나게 씁니다.

❈ 겪은 일이 잘 드러나게 글 쓰기

① 겪은 일을 자세하게 씁니다.

김밥을 먹었다.	➡	할머니께서 싸 주신 김밥을 친구들과 함께 나누어 먹었다.
(×)		(○)

② 생각이나 느낌을 다양한 방법으로 표현하여 씁니다.

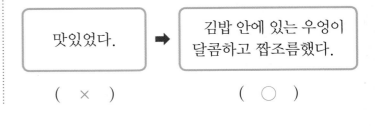

맛있었다.	➡	김밥 안에 있는 우엉이 달콤하고 짭조름했다.
(×)		(○)

쪽지시험

① 어떤 대상이나 정보를 자세하게 알려 주는 글을 □□하는 글이라고 합니다.

② 설명하는 글의 □□을 보면 설명하는 대상을 짐작할 수 있습니다.

③ 겪은 일을 쓸 때에는 겪은 일에 대한 생각이나 □□도 함께 씁니다.

④ 겪은 일은 자세하게 쓰고 생각이나 느낌도 (단순하게 / 다양하게) 표현하여 씁니다.

* 배점이 표시되어 있지 않은 문제는 문제당 8점입니다.

[1~2] 다음을 보고 물음에 답하시오.

1 정호와 하율이 중 만들기를 더 잘하고 있는 친구는 누구입니까?

(   )

2 하율이가 읽고 있는 글의 종류는 무엇이겠습니까?·······························(   )

① 생각하는 글   ② 설명하는 글
③ 주장하는 글   ④ 독서 감상문
⑤ 겪은 일을 쓴 글

3 설명하는 글을 읽으면 좋은 점은 무엇입니까?·······························(   )

① 이야기에서 재미를 느낄 수 있다.
② 다른 사람의 생각을 잘 알 수 있다.
③ 하루에 있었던 일을 정리할 수 있다.
④ 설명하는 대상에 대해 잘 알 수 있다.
⑤ 나의 생각과 느낌을 잘 표현할 수 있다.

4 다음 글은 무엇에 대해 설명하고 있습니까?
[13점]

> 독도는 우리나라 동쪽 끝에 위치한 섬입니다. 독도는 큰 섬 두 개와 작은 바위 섬 89개로 이루어져 있습니다.

(   )

5 다음 중 설명하는 글이 아닌 것은 어느 것입니까?·······························(   )

① 청소기 사용 방법을 알려 주는 글
② 전시하고 있는 작품을 소개하는 글
③ 떡볶이를 만드는 방법을 설명한 글
④ 물놀이할 때 주의할 점을 안내하는 글
⑤ 주인공이 도깨비를 만난 일을 들려주는 글

[6~7] 다음 글을 읽고 물음에 답하시오.

> ㉮ 유리창에 붙어 있는 인형을 본 적이 있나요? 그것을 붙일 때에 사용하는 물건은 문어의 빨판을 본떠 만들었습니다. 문어는 빨판을 이용해 어디에나 잘 달라붙습니다. 우리가 흔히 쓰는 칫솔걸이도 이것을 본떠 만든 물건입니다.
>
> ㉯ 낙하산은 민들레씨를 본떠 만들었습니다. 민들레씨의 가는 실 끝에는 털이 여러 개 달려 있습니다. 이 털이 있어서 민들레씨는 둥둥 떠서 멀리까지 날아갈 수 있습니다. 또 천천히 땅에 떨어지게 됩니다. 낙하산을 이용하면 비행기에서 안전하게 땅으로 내려올 수 있습니다.

6 글 ㉮에서 설명하고 있는 물건은 무엇이겠습니까? [13점] ·················· (   )

7 글 ㉯에서 알려 주려고 하는 중요한 내용은 무엇입니까? [13점] ·················· (   )

① 낙하산은 편리한 발명품이다.
② 민들레씨는 낙하산처럼 생겼다.
③ 낙하산은 민들레씨를 본떠 만들었다.
④ 민들레는 들에서 흔히 볼 수 있는 꽃이다.
⑤ 민들레씨는 둥둥 떠서 먼 곳까지 이동한다.

[8~10] 다음 글을 읽고 물음에 답하시오.

> 1학년이 되어서 처음으로 현장 체험 학습을 갔다. 친구들과 함께 버스를 타고 수목원으로 갔다.
>
> 수목원에는 큰 나무와 예쁜 꽃이 많았다. '오리나무'와 '꽝꽝나무'는 이름이 너무 우스웠다. 화살나무는 줄기가 화살처럼 생겨 신기했다. 점심시간에는 할머니께서 싸 주신 김밥을 친구들과 나누어 먹었다. 김밥 안에 있는 우엉이 달콤하고 짭조름했다.
>
> 친구들과 술래잡기도 했다. ㉠재밌었다.

8 '나'가 겪은 일은 무엇입니까?

• (   )으로 현장 체험 학습을 갔다.

9 보기를 '겪은 일'과 '생각이나 느낌'으로 구분하여 번호를 쓰시오. [13점]

보기
① 여러 가지 나무와 꽃을 봄.
② 나무의 이름이 너무 우스웠음.
③ 김밥을 친구들과 나누어 먹음.
④ 김밥 안의 우엉이 달콤하고 짭조름함.

(1) 겪은 일	(2) 생각이나 느낌

10 ㉠을 생각이나 느낌이 잘 드러나게 고친 것을 골라 ○표 하시오.

(1) 재밌고 좋았다. (   )
(2) 술래가 나를 잡으려고 할 때는 정말 조마조마했다. (   )
(3) 술래가 나를 가장 먼저 찾아서 다음에는 내가 술래가 되었다. (   )

* 배점이 표시되어 있지 않은 문제는 문제당 **4점**입니다.

[1~4] 다음 글을 읽고 물음에 답하시오.

> 독도는 우리나라 동쪽 끝에 위치한 섬입니다. 독도는 큰 섬 두 개와 작은 바위섬 89개로 이루어져 있습니다. 큰 섬 두 개를 각각 동도와 서도라고 부릅니다. 독도는 동도와 서도를 모두 합쳐 부르는 이름입니다.
>
> 동도에는 등대와 배가 섬에 닿을 수 있도록 만든 시설이 있습니다. 동도에 있는 등대는 밤에도 불을 밝혀 독도 주변을 지키는 데 도움을 줍니다. 독도를 지키는 경비대도 이곳에 있습니다.
>
> 서도에는 주민을 위한 숙소가 있습니다. 독도를 사람들에게 널리 알리고 보존하는 일을 하는 독도관리사무소 직원도 독도에 올 때는 이곳을 이용합니다. 또 서도에는 땅에 스며든 물이 땅 밖으로 모이는 곳이 있습니다.

1 이와 같은 글을 읽는 방법으로 알맞은 것에 ◯표 하시오.

(1) 재미있는 표현을 찾아 가며 읽는다.
( )

(2) 새롭게 알게 된 것을 생각하며 읽는다.
( )

(3) 글쓴이의 생각이나 느낌을 찾아 가며 읽는다.
( )

2 이 글에서 소개하고 있는 것 두 가지를 고르시오. ·······(,)

① 독도의 위치   ② 동도와 서도
③ 독도의 날씨   ④ 독도에 사는 동물
⑤ 독도에 가는 방법

3 다음은 동도와 서도 중 무엇에 대한 설명인지 선으로 이으시오.

(1) 등대가 설치되어 있다.

(2) 주민을 위한 숙소가 있다.

(3) 독도를 지키는 경비대가 있다.

・㉠ 동도

・㉡ 서도

4 독도에 대한 설명으로 알맞지 <u>않은</u> 것은 어느 것입니까? ·······( )

① 독도에는 배가 닿는 시설이 있다.
② 독도는 우리나라 동쪽 끝에 있다.
③ 독도 경비대가 독도를 지키고 있다.
④ 동도와 서도를 합쳐 독도라고 부른다.
⑤ 독도에 가려면 독도관리사무소를 거쳐야 한다.

5 다음 글에서 설명하고 있는 것은 무엇입니까?
[8점]

> 도서관에서 책을 빌리려면 먼저 도서 카드를 만들어야 합니다. 도서 카드는 도서관 사무실에서 만들 수 있습니다. 그다음 빌리고 싶은 책과 함께 도서 카드를 사서 선생님께 제출합니다.

(   )

[6~7] 다음 글을 읽고 물음에 답하시오.

낙하산은 ㉠민들레씨를 본떠 만들었습니다. 민들레씨의 가는 실 끝에는 털이 여러 개 달려 있습니다. 이 털이 있어서 민들레씨는 둥둥 떠서 멀리까지 날아갈 수 있습니다. 또 천천히 땅에 떨어지게 됩니다. 낙하산을 이용하면 비행기에서 안전하게 땅으로 내려올 수 있습니다.

숲속을 걷다 보면 옷에 열매가 붙어 있는 경우가 있습니다. ㉡도꼬마리 열매에는 갈고리 모양의 가시가 많이 있습니다. 그래서 새나 짐승의 털에 잘 붙습니다. 이것을 보고 단추나 끈보다 더 쉽게 붙였다 떼었다 할 수 있는 물건을 만들었습니다.

6 ㉠과 ㉡의 특징을 찾아 선으로 이으시오.

(1) ㉠ •

(2) ㉡ •

• ① 새나 짐승의 털에 잘 붙는다.

• ② 둥둥 떠서 멀리까지 날아간다.

7 다음은 이 글의 제목이 '자연은 발명왕'인 까닭입니다. 빈칸에 들어갈 알맞은 말은 무엇입니까? ·····························( )

[   ]에 대해 설명하고 있기 때문에

① 자연을 보호해야 하는 까닭
② 식물이 씨앗을 퍼뜨리는 방법
③ 우리 생활에 도움을 주는 식물
④ 낙하산과 도꼬마리 열매의 특징
⑤ 자연에서 좋은 생각을 얻어 만든 물건

[8~10] 다음 글을 읽고 물음에 답하시오.

첫째, 다른 사람의 모습을 함부로 찍어서는 안 됩니다. 다른 사람의 모습을 찍을 때에는 반드시 그 사람에게 허락을 받아야 합니다. 같은 반 친구나 선생님도 허락 없이 찍으면 안 됩니다.

둘째, 사진 촬영을 허락하지 않는 곳에서 사진을 찍어서는 안 됩니다. 사진을 찍을 때 내는 빛이 작품에 영향을 주기 때문입니다.

셋째, 사진을 찍을 때 다른 사람을 불편하게 해서는 안 됩니다. 사진을 찍기 전, 자신이 사람들이 다니는 길을 막고 있는지 먼저 살펴야 합니다.

8 이 글에서 중요하게 설명하는 내용을 모두 골라 ○표를 하시오.

(1) 다른 사람의 모습을 함부로 찍으면 안 된다. ( )
(2) 사진에 나오지 않는 사람이 있는지 살펴야 한다. ( )
(3) 사진을 찍을 때 다른 사람을 불편하게 해서는 안 된다. ( )

9 미술관 같은 곳에서 사진 촬영을 허락하지 않는 까닭은 무엇이겠습니까?

사진을 찍을 때 내는 (   )이 작품에 영향을 주기 때문에

10 다음 낱말을 모두 넣어 이 글이 무엇을 설명하는지 쓰시오. [8점]

사진   예의

[11~15] 다음 글을 읽고 물음에 답하시오.

> ㉠아무리 찾아도 없어.
>
> 책가방을 탈탈 털어도 안 나와.
>
> 나는 알림장을 뚫어지게 쳐다봤어.
>
> *연필 깨끗이 깎아 오기.*
>
> 휴, 연필이 있어야 깎아 가지.
>
> 필통을 잃어버리는 바람에 연필도 싹 사라졌는걸.
>
> ㉡또 사 달라고 하면 엄마한테 혼날 텐데. 벌써 세 번째니까.
>
> 엄마한테 철석같이 약속을 하고는 겨우 새 필통을 샀어.
>
> 내가 또 필통 잃어버리나 봐라!

내 물건 지키기 비법 1
초강력 끈적대마왕 이름표 붙이기

> "학교 다녀왔습니다!"
>
> 집에 들어가면서 큰 소리로 외쳤어.
>
> "잘 다녀왔니?"
>
> 엄마가 물었어.
>
> "필통도 잘 다녀왔고?"
>
> 쌍둥이 누나들이 얄밉게 끼어들었지.
>
> 눈을 흘기면서도 난 가방 속을 들여다봤어.
>
> 새로 산 필통이 얌전히 들어 있었지.
>
> "준수야, 알림장 잘 써 왔어?"
>
> "그럼요!"
>
> 나는 자신 있게 가방을 열어젖혔어.
>
> ㉢"어? 알림장이 어디 갔지?"

11 ㉠에서 준수가 찾고 있는 것은 무엇입니까?

연필이 들어 있는 (   )

12 준수가 겪은 일을 순서대로 쓰시오.

> ① 필통을 잃어버렸다.
> ② 알림장을 잃어버렸다.
> ③ 새 필통을 사서 이름표를 붙였다.

(   ) → (   ) → (   )

13 ㉡에서 짐작할 수 있는 준수의 마음과 관련이 없는 것은 어느 것입니까? ⋯⋯⋯⋯⋯( )

① 엄마에게 미안하다.
② 자신이 실망스럽다.
③ 새 필통이 기대된다.
④ 혼날까 봐 걱정스럽다.
⑤ 필통을 자꾸 잃어버려 부끄럽다.

14 ㉢에 어울리는 준수의 표정으로 알맞은 것에 ○표 하시오.

(1)    (2)   (3)

(   )   (   )   (   )

서술형·논술형 문제

15 다음은 준수가 겪은 일을 쓴 일기입니다. 빈칸에 준수의 생각이나 느낌을 써넣으시오. [10점]

> 그렇게 다짐하고 조심해서 새 필통은 잘 챙겼다. 그런데 이번에는 알림장을 잃어버렸다.

[16~19] 다음 글을 읽고 물음에 답하시오.

(가) 현장 체험 학습을 갔다. 버스를 타고 수목원으로 갔다. ㉠수목원에는 많은 나무가 있었다.

점심으로 김밥을 먹었다. ㉡맛있었다. 수목원에서 술래잡기를 했다. 참 재미있었다.

(나) 1학년이 되어서 처음으로 현장 체험 학습을 갔다. 친구들과 함께 버스를 타고 수목원으로 갔다.

수목원에는 큰 나무와 예쁜 꽃이 많았다. '오리나무'와 '꽝꽝나무'는 이름이 너무 우스웠다. 화살나무는 줄기가 화살처럼 생겨 신기했다.

점심시간에는 할머니께서 싸 주신 김밥을 친구들과 나누어 먹었다. ㉢김밥 안에 있는 우엉이 달콤하고 짭조름했다.

친구들과 술래잡기도 했다. 친구가 나를 잡을까 봐 조마조마했다. 신나게 놀고 나니 선생님께서 집에 가야 한다고 하셨다. ㉣

16 글 (가)와 (나) 중 겪은 일이 잘 드러나는 글은 어느 것입니까?

글 (   )

17 글 (가)의 ㉠을 글 (나)에서는 어떻게 썼습니까?
·······························( )

① 나무의 이름만 간단히 썼다.
② 나무로 무엇을 하였는지 썼다.
③ 나무를 본 장소에 대해 자세히 썼다.
④ 나무의 이름과 생김새에 대해 자세히 썼다.
⑤ 나무에 대해 쓰지 않고 예쁜 꽃에 대해서 썼다.

18 ㉡과 ㉢을 바르게 비교한 것은 어느 것입니까? ·····························( )

① ㉢보다 ㉡이 더 자세하다.
② ㉢보다 ㉡에서 겪은 일을 잘 알 수 있다.
③ ㉡보다 ㉢에 시간과 장소가 잘 드러난다.
④ ㉢보다 ㉡에 생각이나 느낌이 잘 표현되었다.
⑤ ㉡보다 ㉢이 더 생생하고 실감 나게 느껴진다.

19 ㉣ 에 들어갈 문장 중 생각이나 느낌이 가장 잘 드러나는 것은 어느 것입니까?········( )

① 즐거웠다.
② 아쉬웠다.
③ 참 재미있었다.
④ 타고 갔던 버스를 타고 집에 돌아왔다.
⑤ 배운 것도 많고 신나게 놀아서 뿌듯한 마음이 들었다.

서술형·논술형 문제

20 다음 그림을 보고 보기에 있는 낱말을 모두 넣어 겪은 일에 대한 생각이나 느낌을 쓰시오.
[10점]

┌ 보기 ─────────────────┐
수학 공부   흥미
└──────────────────────┘

• 오늘은 수학 시간에 덧셈 카드 놀이를 했다.

_____

_____

정답 ◐ 꼼꼼 풀이집 10쪽

1 다음 글은 독도의 무엇에 대해서 설명하고 있는지 쓰시오. [8점]

> 독도는 우리나라 동쪽 끝에 위치한 섬입니다. 독도는 큰 섬 두 개와 작은 바위섬 89개로 이루어져 있습니다. 큰 섬 두 개를 각각 동도와 서도라고 부릅니다. 독도는 동도와 서도를 모두 합쳐 부르는 이름입니다.
>
>

독도의 위치, _____

_____

2 다음 글에서 알려 주고자 하는 것은 무엇인지 쓰시오. [10점]

>
> 유리창에 붙어 있는 인형을 본 적이 있나요? 그것을 붙일 때에 사용하는 물건은 문어의 빨판을 본떠 만들었습니다. 문어는 빨판을 이용해 어디에나 잘 달라붙습니다. 우리가 흔히 쓰는 칫솔걸이도 이것을 본떠 만든 물건입니다.

• 유리창에 무언가를 붙일 때에 사용하는 물

건은 _____

3 다음 표를 보고 겪은 일과 생각이나 느낌이 드러나는 글을 쓰시오. [10점]

언제	아침 등교 시간에
어디에서	길에서
겪은 일	• 길에서 은행잎을 봄.
생각이나 느낌	• 은행잎이 예쁘다. • 은행잎이 아기 손 같다.

　아침 등교 시간에 길에서 ❶[　　　]을

보았다. 은행잎이 노랗게 물들어 있었다.

❷

_____

_____

4 다음 그림을 보고 보기에 있는 낱말을 모두 넣어 겪은 일과 생각이나 느낌을 쓰시오. [10점]

┌ 보기 ┐
미역국　내 생일　소고기　맛있었다
└─────────────────────┘

❶[　　　]에 아버지께서 ❷[　　　]을 끓여

주셨다. 내가 좋아하는 ❸[　　　]가 많이

들어 있었다. ❹

_____

✹ 인물이란?

① 시나 이야기에 등장하여 말이나 행동, 생각을 하는 모든 이를 인물이라고 합니다.

② 사람처럼 말하고 행동하는 동물이나 식물도 인물이 될 수 있습니다.

③ 인물은 이야기에서 어떤 일을 하거나 어떤 일을 겪습니다.

토끼와 자라
토끼, 자라, 용왕 등
흥부놀부
흥부, 놀부, 흥부와 놀부의 식구들
빨간 모자
빨간 모자 소녀, 늑대, 할머니 등

▲ 여러 가지 이야기 속 인물들

✹ 작품 속 인물의 모습과 행동 상상하기

① 인물이 한 말과 행동을 살펴봅니다.

② 인물의 표정이나 모습, 행동을 떠올려 봅니다.

③ 내가 작품 속 인물이라면 어떤 마음일지 생각해 봅니다.

④ 인물이 한 일과 비슷한 나의 경험을 떠올리며 인물의 모습을 상상합니다.

나 이제 떠날 거야!

▲ 「브로콜리지만 사랑받고 싶어」에서 인물의 모습 떠올리기

✹ 인물의 행동과 생각 알기

① 인물의 말과 행동에서 인물의 생각과 마음을 알 수 있습니다.

② 인물이 어떠한 생각으로 그러한 행동을 하였을지 짐작해 봅니다.

대감의 행동: 대감은 농부에게 밭만 팔았지 항아리는 팔지 않았다며 요술 항아리를 내놓으라고 하였습니다.

대감의 생각: 요술 항아리를 갖고 싶다. 요술 항아리를 농부에게서 빼앗아야겠다. 등

원님의 행동: 원님은 요술 항아리를 자기가 보관하겠다며 가져가 버렸습니다.

원님의 생각: 요술 항아리는 내 것이다. 나는 이제 곧 부자가 될 것이다. 등

▲ 「요술 항아리」 속 인물의 행동과 생각

✹ 이야기를 읽고 생각이나 느낌 나누기

① 인물에 대해 어떤 생각이나 느낌이 들었는지 말할 수 있습니다.

② 내가 그 인물이라면 어떻게 하였을지 말할 수 있습니다.

③ 생각이나 느낌이 서로 다를 수 있음을 알고 다른 친구의 의견을 존중해 줍니다.

원님인데도 공정한 판결을 내리지 않고 요술 항아리를 차지한 원님은 정말 나쁘다고 생각해요.

▲ 「요술 항아리」 속 인물에 대한 생각이나 느낌 말하기

쪽지시험

❶ 시나 이야기에 등장하여 말하고 행동하는 이를 모두 □□이라고 합니다.

❷ 이야기에서 사람처럼 말하고 행동하는 동물이나 식물도 인물이 될 수 (있습니다 / 없습니다).

❸ 인물이 한 말과 □□에서 인물의 생각을 알 수 있습니다.

❹ 이야기에 대한 생각이나 느낌이 나와 다르더라도 (존중합니다 / 무시합니다).

* 배점이 표시되어 있지 않은 문제는 문제당 8점입니다.

1 시나 이야기에 등장하는 인물에 대한 설명으로 알맞은 것은 어느 것입니까?⋯⋯⋯⋯( )

① 시에는 인물이 나오지 않는다.
② 말과 행동을 하거나 생각을 한다.
③ 모두 착한 마음씨를 가지고 있다.
④ 동물이나 식물은 인물이 될 수 없다.
⑤ 특별한 재주를 가지고 있어야 인물이다.

2 다음 이야기 속 인물을 모두 고른 것은 어느 것입니까? [12점] ⋯⋯⋯⋯⋯⋯( )

> 먹이를 나르던 개미가 물에 빠졌습니다. 비둘기가 날아가다 물에 빠진 개미를 보고 나뭇잎을 띄워 주었습니다. 개미는 무사히 나뭇잎 위로 올라갔습니다.
> "비둘기님, 고맙습니다."
> 비둘기가 방긋 웃었습니다.

① 먹이, 개미
② 개미, 비둘기
③ 개미, 나뭇잎
④ 비둘기, 나뭇잎
⑤ 개미, 나뭇잎, 비둘기

[3~4] 다음 글을 읽고 물음에 답하시오.

> 어제는 준이랑 싸웠어.
> 너무 화가 나 소리도 질렀어.
> '흥! 다시는 너랑 노나 봐.'
> 마음이 그랬어.

3 준이와 싸우고 난 뒤 '나'는 어떤 생각을 하였습니까?⋯⋯⋯⋯⋯⋯⋯⋯⋯( )

① 준이와 화해하고 싶다.
② 준이와 공부하고 싶다.
③ 준이와 그네를 타고 싶다.
④ 준이와 다시는 놀지 않겠다.
⑤ 준이의 잘못을 혼내 주고 싶다.

4 이 글에서 떠오르는 '나'의 표정으로 알맞은 것은 어느 것입니까?⋯⋯⋯⋯⋯( )

① 　②

③ 　④

[5~7] 다음 글을 읽고 물음에 답하시오.

책상에 재채기했다 책상 감기 들었다	연필, 공책, 가방도 다 누웠다
창문에 재채기했다 창문 감기 들었다	감기야, 나 오늘은 학교 가고 싶어.

5 '나'에게 어떤 일이 일어났습니까?

• ( )에 걸렸다.

6 '나'의 어떤 모습이 떠오릅니까?·········( )

① 아파서 누워 있는 모습
② 잃어버린 연필을 찾는 모습
③ 친구들과 공놀이를 하는 모습
④ 방 청소를 하며 창문을 닦는 모습
⑤ 책상에 앉아 열심히 공부하는 모습

중요
7 연필, 공책, 가방도 다 누운 까닭으로 알맞은 것에 ○표 하시오. [12점]

(1) 공부하느라 공책과 연필이 책상에 놓여 있어서 ( )
(2) 연필, 공책, 가방이 어디에 있는지 알 수가 없어서 ( )
(3) 아픈 '나'가 누워서 연필, 공책, 가방을 보고 있어서 ( )

[8~10] 다음 글을 읽고 물음에 답하시오.

나도 소시지처럼 분홍색이면 사랑받을 수 있겠지? …… 그건 내 착각이었어.
나도 라면처럼 뽀글뽀글 파마하면 사랑받을 수 있겠지? …… 이것도 내 착각이었어.

왜 하나도 효과가 없는 거야?
초록색이라서? 맛이 없어서?
아니면 내가……. 브로콜리라서?

㉠이제 알겠어.
브로콜리는 절대 사랑받을 수 없다는걸.

8 이야기하고 있는 '나'는 무엇입니까? [12점]

( )

9 '나'가 바라는 것은 무엇입니까?·········( )

① 예뻐지는 것
② 사랑받는 것
③ 맛있어지는 것
④ 힘이 세지는 것
⑤ 착한 마음씨를 갖는 것

서술형·논술형 문제
10 ㉠에서 '나'의 마음은 어떠할지 까닭을 들어 쓰시오. [16점]

_____

_____

정답 ⊙ 꼼꼼 풀이집 10쪽

* 배점이 표시되어 있지 않은 문제는 문제당 4점입니다.

1 다음 중 전래 동화의 '인물'이 <u>아닌</u> 것은 어느 것입니까? ·············(   )

① 심청전 – 바닷속에서 심청이 만난 용왕님
② 흥부놀부 – 제비의 다리를 부러뜨린 놀부
③ 토끼와 거북 – 경주를 하다 낮잠을 잔 토끼
④ 소금을 만드는 맷돌 – 도둑이 궁궐에서 몰래 훔쳐 간 요술 맷돌
⑤ 선녀와 나무꾼 – 나무꾼에게 선녀가 내려오는 연못을 이야기해 준 사슴

[2~3] 다음 글을 읽고 물음에 답하시오.

> 놀이터에서 그네를 탔어.
> 맨날 같이 놀던 준이가 없으니 재미가 없는걸.
> 마음이 텅텅 빈 상자 같아. 허전해.
> '먼저 사과할까?'
> '준이도 나랑 다시 놀고 싶을까?'
> 집에 와서 필통을 열었더니 준이가 준 쪽지가 있었어.
>
> 송이야
> 미안해.
>   -준이-

2 놀이터에서 그네를 타는 송이의 마음은 어떠합니까?

(   )

3 필통에 들어 있던 준이의 쪽지를 보고 송이는 어떤 표정을 지었을지 그려 보시오. [6점]

[4~6] 다음 시를 읽고 물음에 답하시오.

> 꾸벅꾸벅
> 졸고 있는
> 동생에게 다가가
>
> 꺾어 온 강아지풀
> 콧구멍에 간질간질
>
> 아무런 반응이 없네
> ㉠어라, 이게 아닌데

4 시에 나오는 인물을 찾아 모두 ○표를 하시오.

나	동생	강아지	강아지풀

5 시에서 떠오르는 '나'의 모습으로 알맞은 것은 어느 것입니까? ·············(   )

① 동생과 책을 읽다가 조는 모습
② 동생과 함께 강아지를 쫓아가는 모습
③ 동생에게 장난을 치며 웃고 있는 모습
④ 동생과 신나게 공놀이를 하며 웃는 모습
⑤ 동생과 강아지풀의 냄새를 맡고 있는 모습

6 '나'가 ㉠과 같이 생각한 까닭은 무엇입니까?

·············(   )

① 동생이 화를 낼 줄 알았는데 기뻐해서
② 동생이 강아지를 좋아할 줄 알았는데 싫어해서
③ 동생이 잠을 자는 줄 알았는데 자고 있지 않아서
④ 동생이 배가 고픈 줄 알았는데 아무것도 먹지 않아서
⑤ 동생이 재채기를 할 줄 알았는데 아무런 반응이 없어서

[7~10] 다음 글을 읽고 물음에 답하시오.

어제 들었어. 아이들이 싫어하는 채소 1위에 내가 뽑혔다는걸.

쉿, 밤새도록 펑펑 운 건 비밀이야.

하지만 괜찮아.

나도 아이들에게 사랑받고 말 거니까.

무슨 좋은 생각이 있냐고? 물론이지.

사랑받는 친구들을 다 따라 해 볼 거거든.

나도 소시지처럼 분홍색이면 사랑받을 수 있겠지? …… 그건 내 착각이었어.

나도 라면처럼 뽀글뽀글 파마하면 사랑받을 수 있겠지? …… 이것도 내 착각이었어.

왜 하나도 효과가 없는 거야?

초록색이라서? 맛이 없어서?

아니면 내가……. 브로콜리라서?

이제 알겠어.

브로콜리는 절대 사랑받을 수 없다는걸.

아무도 없는 곳으로 떠날 거야!

떠나기 전에 이것만 두고 갈게.

별거 아니고 작은 이별 선물이야.

좋아해 줄지는 모르겠지만 밤새 열심히 만들었어.

진짜 갈게. 안녕!

맛있어!

㉠응? 뭐라고 했어? 맛있다고 한 거야?

양파와 감자를 버터에 달달 볶은 다음

초록초록 브로콜리 섞어 주고

새하얀 우유 넣고 보글보글 끓여 주면

음~ 끝내주게 맛있는 브로콜리수프 완성!

㉡그래, 바로 이거야.

따라 할 필요가 없는 거였어!

7 나오는 인물에 모두 ○표 하시오.

(1) 브로콜리 (2) 수프 (3) 아이

(   )   (   )   (   )

8 '나'는 아이들에게 사랑받기 위해 어떻게 하였을지 모두 고르시오. ………………(,   )

① 소시지처럼 분홍색이 되어 보았다.

② 소시지처럼 몸을 길게 늘여 보았다.

③ 라면처럼 뽀글뽀글 파마를 해 보았다.

④ 라면처럼 뜨거운 물에 목욕을 해 보았다.

⑤ 아이들이 없는 곳으로 훌쩍 떠나 보았다.

9 ㉠에서 '나'는 어떤 마음이 들었겠습니까?

………………………………(   )

① 홀가분하다.

② 반갑고 설렌다.

③ 서럽고 서운하다.

④ 억울하고 미안하다.

⑤ 쓸쓸하고 화가 난다.

10 ㉡에서 '나'가 알게 된 것은 무엇이겠습니까?

[10점]

다른 누군가를 따라 하지 않아도 _____

_____

[11~16] 다음 글을 읽고 물음에 답하시오.

> **1** 농부가 밭을 갈다가 요술 항아리를 발견했습니다. 항아리에 물건이 들어가면 똑같은 물건이 계속 나오는 신기한 요술 항아리였습니다.

> **2** 농부에게 밭을 팔았던 대감은 밭만 팔았지 요술 항아리는 팔지 않았다며 농부에게서 요술 항아리를 빼앗아 가려고 하였습니다.

> **3** 농부와 대감이 요술 항아리를 두고 다투다가 원님에게 판결을 내려 달라고 하였습니다. 원님은 요술 항아리를 보자 탐이 나서 요술 항아리를 원님의 집으로 가져가 버렸습니다.

> **4** 원님의 어머니가 요술 항아리에 빠져 똑같이 생긴 어머니가 여러 명이 되었습니다. 원님은 누가 진짜 어머니인지 알 수 없었습니다.

> **5** 여러 명의 어머니가 서로 다투다 요술 항아리가 깨지고 진짜 어머니만 남았습니다. 원님은 자신의 잘못을 깨달았습니다.

11 인물이 <u>아닌</u> 것은 무엇입니까? ·········(   )

① 농부   ② 대감   ③ 원님
④ 항아리   ⑤ 원님의 어머니

12 일이 일어난 순서대로 ㉠~㉣을 쓰시오.

(   ) → (   ) → (   ) → (   )

13 다음 중 대감에 대한 생각이나 느낌으로 알맞은 것에 ○표 하시오.

(1) 열심히 일을 한 덕에 복을 받았으니 축하하고 싶어요.   (   )
(2) 억지로 남의 것을 빼앗으려고 하는 모습이 욕심쟁이 같아요.   (   )
(3) 윗사람을 섬기고 아랫사람을 다독이는 모습이 정답고 보기 좋았어요. (   )

14 중요 **3**에서 원님이 하였을 생각으로 알맞은 것은 어느 것입니까? ·····························(   )

① 요술 항아리를 깨뜨려야겠다.
② 요술 항아리를 내가 가져야겠다.
③ 욕심 많은 대감을 혼내 주어야겠다.
④ 요술 항아리는 대감의 것이 맞구나.
⑤ 요술 항아리는 농부에게 주어야겠다.

15 똑같이 생긴 어머니 여러 명이 항아리에서 나올 때 원님의 마음은 어떠하겠습니까? ···(   )

① 재미있다.   ② 쓸쓸하다.
③ 미안하다.   ④ 자랑스럽다.
⑤ 당황스럽다.

서술형·논술형 문제
16 원님에게 하고 싶은 말을 써 보시오. [10점]

_____

_____

[17~19] 다음 글을 읽고 물음에 답하시오.

옛날 어느 마을에 말을 함부로 하는 청년이 살았습니다. ㉠이 청년은 다른 사람의 자그마한 실수를 부풀려 말하기도 했고, 자신이 알고 있는 일을 다른 사람에게 쉽게 전하기도 했습니다. 그래서 마을에는 청년의 말로 이상한 소문이 퍼지는 일이 자주 일어났습니다. 마을 사람들은 그 이상한 소문 때문에 서로 토라지기도 했습니다. 하지만 청년은 조금도 자신의 잘못을 뉘우치지 않았습니다. 그러자 마을에서 가장 나이가 많은 할아버지가 이 청년에게 새의 깃털을 한 움큼 주며 이렇게 말했습니다.

"지금부터 동네 모든 집 대문 앞에 이 깃털 하나씩을 놓고 오세요."

청년은 할아버지가 시키는 대로 했습니다. 그리고 할아버지를 다시 찾아갔습니다. 할아버지는 청년에게 이렇게 말했습니다.

"이제 그 깃털을 모두 다시 가져오세요."

다시 뛰어나간 청년은 빈손으로 올 수밖에 없었습니다.

"깃털이 너무 가벼워 바람에 모두 날아가 버렸고, 하나도 없었습니다."

그러자 할아버지가 말했습니다.

"당신이 한 말도 바람에 날아간 깃털과 같습니다. 한번 내뱉으면 다시는 주워 담을 수가 없으니까요."

17 ㉠의 예로 알맞은 것에 ○표 하시오.

(1) "우리 마을에 우물이 부족하니 하나 더 만드는 건 어떨까요?" ( )

(2) "훈장님은 사람들의 고민을 척척 해결해 주시는 분이에요." ( )

(3) "글쎄 홍 영감님이 이웃집 감나무에 열린 감을 몰래 따 먹는대요." ( )

18 청년에게 할 수 있는 말로 알맞은 것을 모두 찾아 ○표 하시오.

(1) 깃털이 가볍다는 것을 알았으면 좋겠어요. ( )

(2) 다른 사람에 대해 함부로 이야기해서는 안 돼요. ( )

(3) 말은 한번 내뱉으면 주워 담을 수 없으니 말을 하기 전에 신중하게 생각해야 해요. ( )

19 이 이야기처럼 말을 조심해야 한다는 뜻을 가진 속담은 어느 것입니까? ( )

① 등잔 밑이 어둡다
② 소 잃고 외양간 고친다
③ 발 없는 말이 천 리 간다
④ 까마귀 날자 배 떨어진다
⑤ 먼 사촌보다 가까운 이웃이 낫다

서술형·논술형 문제

20 다음 시를 읽고 어떤 모습이 떠오르는지 쓰시오. [10점]

주머니를 찾아
손을 쑥 집어넣고
목도 쏙 집어넣고
어깨는 위로 당겨 올리고
턱은 옷깃 사이로 집어넣고도
"어어, 추워!"
하며 학교에 갔다.

1 다음 시에서 ㉠과 같이 말하는 '나'는 어떤 표정을 짓고 있을지 그려 보시오. [10점]

> 꾸벅꾸벅
> 졸고 있는
> 동생에게 다가가
>
> 꺾어 온 강아지풀
> 콧구멍에 간질간질
>
> 아무런 반응이 없네
> ㉠어라, 이게 아닌데

[2~3] 다음을 보고 물음에 답하시오.

1 농부가 밭을 갈다가 항아리를 발견했습니다. 그 항아리는 속에 물건이 들어가면 똑같은 물건이 계속 나오는 요술 항아리였습니다.

2 농부에게 밭을 팔았던 대감은 요술 항아리는 팔지 않았다며 농부에게서 요술 항아리를 빼앗아 가려고 했습니다.

3 농부와 대감이 요술 항아리를 두고 다투다가 원님에게 판결을 내려 달라고 부탁하였습니다.

2 대감이 농부에게 하였을 말을 써 보시오. [6점]

> 대감: 그 항아리는 내가 자네에게 판 밭에서 나오지 않았는가? 나는 자네에게 (❶   )만 팔았지 (❷   )는 팔지 않았네. 그러니 요술 항아리는 내 것이네.

3 **3**에서 원님이 다음과 같이 생각하였다면 어떤 판결을 하였을지 써 보시오. [각 8점]

(1)

> 대감이 억지를 부려서 농부의 요술 항아리를 빼앗으려 하는구나.

↓

_____

_____

(2)

> 정말 신기한 항아리구나. 이 항아리만 있으면 나도 금방 부자가 되겠어.

↓

_____

_____

* 배점이 표시되어 있지 않은 문제는 문제당 4점입니다.

정답 ○ 꼼꼼 풀이집 12쪽

관련 단원 1. 기분을 말해요

1 다음 중, 흉내 내는 말이 어울리지 <u>않는</u> 문장은 어느 것입니까?·············( )

① 친구들이 깔깔 웃습니다.
② 버스가 부르릉 지나갑니다.
③ 오리가 뒤뚱뒤뚱 걸어갑니다.
④ 바나나가 주렁주렁 열렸습니다.
⑤ 보름달이 엉금엉금 빛나고 있습니다.

관련 단원 1. 기분을 말해요

2 지훈이의 기분을 나타내는 말로 알맞은 것을 두 가지 고르시오.···········(,)

① 슬퍼요
② 싫어요
③ 무서워요
④ 행복해요
⑤ 즐거워요

관련 단원 2. 낱말을 정확하게 읽어요

3 다음 중, 밑줄 그은 낱말을 알맞게 고쳐 쓴 것은 어느 것입니까?·············( )

① 책을 <u>익다</u>.
　　→ 일다
② 방이 <u>널다</u>.
　　→ 넙다
③ 돈이 <u>업다</u>.
　　→ 없다
④ 흙을 <u>밥다</u>.
　　→ 발다
⑤ 무릎을 <u>꿀다</u>.
　　→ 꿇다

[4~5] 다음 글을 읽고 물음에 답하시오.

> 사용한 물건을 제자리에 두자
>
> 1학년 김서연
>
> 　나는 물건을 쓰고 나서 제자리에 둡니다. 그렇게 하면 다음에 그 물건을 쓰려고 할 때 빨리 찾을 수 있습니다. 하지만 내 동생은 풀이나 가위와 같은 물건을 쓰고 나서 아무 데나 둡니다. 그래서 다음에 쓰려면 한참을 찾아야 합니다.
> 　물건을 쓰고 나서 제자리에 둡시다. 그렇게 해야 물건을 쉽고 빠르게 찾을 수 있습니다.

관련 단원 2. 낱말을 정확하게 읽어요

4 물건을 쓰고 나서 글쓴이의 동생처럼 하면 어떤 점이 불편합니까?·············( )

① 물건이 금방 고장 난다.
② 물건을 계속 고쳐야 한다.
③ 물건을 금방 찾을 수 있다.
④ 물건을 찾을 때 한참 걸린다.
⑤ 물건을 쓰다가 다칠 수 있다.

관련 단원 2. 낱말을 정확하게 읽어요

5 글쓴이가 하고 싶은 말에 ○표 하시오.

(1) 너무 비싼 물건을 사지 말자. ( )
(2) 물건을 쓰고 나서 제자리에 두자.
　　　　　　　　　　　　　　( )
(3) 다른 사람의 물건을 소중히 여기자.
　　　　　　　　　　　　　　( )

[6~7] 다음 글을 읽고 물음에 답하시오.

20○○년 10월 24일 일요일 날씨: 해가 쨍쨍한 날

	과	수	원	을		하	시	는		할	머
니		댁	에		놀	러		갔	다	.	나
와		동	생	은		빨	갛	게		익	은
사	과	를		땄	다	.	사	과	를		직
접		따		보	니		정	말		재	미
있	었	다	.								

관련 단원 3. 그림일기를 써요

6 어떤 모습을 그림으로 그렸습니까?···(   )

① 사과를 먹는 모습
② 사과를 따는 모습
③ 동생과 사과를 사는 모습
④ 할머니께 사과를 드리는 모습
⑤ 동생과 술래잡기를 하는 모습

관련 단원 3. 그림일기를 써요

7 이 그림일기에서 있었던 일에 대한 생각이나 느낌을 쓴 부분의 기호를 쓰시오. [5점]

> ㉠ 나와 동생은 빨갛게 익은 사과를 땄다.
> ㉡ 사과를 직접 따 보니 정말 재미있었다.
> ㉢ 과수원을 하시는 할머니 댁에 놀러 갔다.

(   )

[8~10] 다음 글을 읽고 물음에 답하시오.

> 양치기 소년은 장난을 치고 싶었어요.
> "늑대가 나타났어요! 도와주세요!"
> 마을 사람들이 ㉠깜짝 놀라 뛰어왔어요.
> "어디야, 늑대가 어디 있니?"
> "심심해서 장난쳤어요."
> 마을 사람들은 그냥 돌아갔어요.
> ㉡이튿날 심심해진 양치기 소년은 또다시 늑대가 나타났다고 소리쳤어요. ㉢이번에도 거짓말이라는 것을 알게 된 마을 사람들은 화를 내며 돌아갔어요.
> 며칠 뒤, 이번에는 ㉣진짜로 늑대가 나타났어요.
> "늑대가 나타났어요! 도와주세요!"
> "쳇, 거짓말쟁이. 우리가 또 속을 줄 알고?"
> 양치기 소년이 소리쳤지만 마을 사람들은 아무도 오지 않았어요.

관련 단원 4. 감동을 나누어요

8 양치기 소년이 한 행동으로 알맞은 것에 ○표 하시오.

(1) 깜짝 놀라 뛰어왔다.   (   )
(2) 마을 사람들에게 화를 냈다.   (   )
(3) 늑대가 나타났다고 거짓말했다. (   )

관련 단원 4. 감동을 나누어요

9 ㉠~㉣ 중, 시간을 나타내는 말은 어느 것입니까? [5점]

(   )

서술형·논술형 문제   관련 단원 4. 감동을 나누어요

10 진짜로 늑대가 나타났지만 마을 사람들이 아무도 오지 <u>않은</u> 까닭을 쓰시오. [15점]

_____

_____

관련 단원 5. 생각을 키워요

11 자음자 'ㅅ'에 한 획을 더하면 어떤 자음자가 됩니까? ·················· (   )

① ㄷ   ② ㅁ   ③ ㅇ

④ ㅈ   ⑤ ㅋ

관련 단원 5. 생각을 키워요

12 다음은 '감'의 어느 부분을 바꾸어 만든 낱말 인지 보기에서 골라 쓰시오. [각 3점]

> ●보기●
>
> 받침   모음자   첫 자음자

(1) 곰 (   )

(2) 밤 (   )

(3) 갓 (   )

관련 단원 6. 문장을 읽고 써요

13 밑줄 친 낱말을 알맞게 쓴 문장은 무엇입니 까? ·················· (   )

① 나무를 구우면 <u>숯이</u> 된다.

② <u>낫에는</u> 친구들과 줄넘기를 했다.

③ 단풍나무의 <u>잎이</u> 빨갛게 물들었다.

④ 학교가 끝나자 원우는 집으로 <u>같다.</u>

⑤ <u>빗이</u> 들지 않는 깜깜한 어둠 속이다.

관련 단원 6. 문장을 읽고 써요

14 희진이가 하려는 말이 잘 드러나게 고쳐 쓴 문장에 ○표 하시오. [5점]

그런데요, 제가요, 아까요, 민지 한테 미안하다고 했는데, 민지 가요, 아까는 괜찮다고, 그런데 요, 지금은 또 안 괜찮다는데요, 어떻게 할까요?

희진

(1) 선생님, 속상하게 해서 죄송해요.

(   )

(2) 민지가 사과를 받아 주지 않아서 어떻게 해야 할지 모르겠어요.   (   )

(3) 민지가 미안하다고 했지만 저는 그 사과 를 받아 주고 싶지 않아요.   (   )

관련 단원 6. 문장을 읽고 써요

15 문장을 가장 자연스럽게 띄어 읽은 친구는 누 구입니까? [5점]

준혁	배고픈 개구리는∨끈적한 혀로∨날아다니던 벌레를∨잡아먹었습니다.
태원	배고픈∨개구리는 끈적한∨혀로 날아다∨니던 벌레를∨잡아먹∨었습니다.
연주	배고픈∨개구리는∨끈적한∨혀로∨날아다니던∨벌레를∨잡아먹었습니다.

(   )

[16~18] 다음 글을 읽고 물음에 답하시오.

독도는 큰 섬 두 개와 작은 바위섬 89개로 이루어져 있습니다. 큰 섬 두 개를 각각 동도와 서도라고 부릅니다. 독도는 동도와 서도를 모두 합쳐 부르는 이름입니다.

동도에는 등대와 ㉠배가 섬에 닿을 수 있도록 만든 시설이 있습니다. 동도에 있는 등대는 밤에도 불을 밝혀 독도 주변을 지키는 데 도움을 줍니다. 독도를 지키는 경비대도 이곳에 있습니다.

서도에는 주민을 위한 숙소가 있습니다. 독도를 사람들에게 널리 알리고 보존하는 일을 하는 독도관리사무소 직원도 독도에 올 때는 이곳을 이용합니다.

관련 단원 7. 무엇이 중요할까요

16 ㉠을 나타내는 낱말로 알맞은 것은 무엇입니까? ················( )

① 공항　　② 부두　　③ 선박
④ 철도　　⑤ 방파제

관련 단원 7. 무엇이 중요할까요

17 서도에 있는 것은 무엇인지 쓰시오.

주민을 위한 ( )

관련 단원 7. 무엇이 중요할까요

18 이 글을 읽는 방법으로 알맞은 것은 어느 것입니까? ················( )

① 독도와 울릉도를 비교하며 읽는다.
② 독도에서 겪은 일을 떠올리며 읽는다.
③ 독도의 미래 모습을 떠올리며 읽는다.
④ 독도에 대해 알게 된 점을 생각하며 읽는다.
⑤ 독도에 가는 방법을 차례대로 정리하며 읽는다.

관련 단원 8. 느끼고 표현해요

19 ( ) 안에 알맞은 말을 써넣으시오.

콩쥐는 나무로 만든 호미로 밭을 갈았지만 얼마 못 가 호미가 부러지고 말았다. 콩쥐가 주저앉아 엉엉 울자 소 한 마리가 다가왔다.

"콩쥐야, 왜 울고 있니?"

"이 넓은 밭을 갈아야 하는데 호미가 부러지고 말았어요."

"그래? 그럼 내가 도와주마."

소는 쟁기를 끌더니 그 넓은 돌밭을 금세 갈아놓았다.

• 이 이야기의 ( )도 사람처럼 말을 하고 행동하는 '인물'입니다.

관련 단원 8. 느끼고 표현해요

20 다음 이야기 속 청년에게 해 줄 수 있는 말로 알맞은 것에 ○표 하시오.

이 청년은 다른 사람의 자그마한 실수를 부풀려 말하기도 했고, 자신이 알고 있는 일을 다른 사람에게 쉽게 전하기도 했습니다. 그래서 마을에는 청년의 말로 이상한 소문이 퍼지는 일이 자주 일어났습니다.

(1) 욕심을 부리면 벌을 받게 돼요. ( )
(2) 말은 되돌릴 수 없으니 신중하게 해야 해요. ( )
(3) 자신감을 가지고 당당하게 말하면 좋겠어요. ( )

* 배점이 표시되어 있지 않은 문제는 문제당 4점입니다.

정답 ➡ 꼼꼼 풀이집 12쪽

관련 단원 1. 기분을 말해요

1 문장에 잘 어울리는 흉내 내는 말을 찾아 ○표 하시오.

(1) 시냇물이 (졸졸 / 우르릉) 흐릅니다.

(2) 고양이가 (멍멍 / 야옹) 인사합니다.

(3) 하얀 구름이 (뒤뚱뒤뚱 / 둥실둥실) 떠 있습니다.

관련 단원 1. 기분을 말해요

2 다음 중, 기분을 나타내는 말이 어울리지 <u>않는</u> 문장은 어느 것입니까?⋯⋯⋯⋯⋯( )

① 친구를 만나서 반가워요.

② 도움을 받아서 고마워요.

③ 용돈이 생겨서 무서워요.

④ 친구와 놀아서 즐거워요.

⑤ 가방이 무거워서 힘들어요.

관련 단원 2. 낱말을 정확하게 읽어요

3 다음 중, 겹받침을 알맞게 쓴 문장은 어느 것 입니까? ⋯⋯⋯⋯⋯⋯⋯⋯⋯⋯⋯⋯( )

① 요즘 물건갑이 너무 비쌉니다.

② 여덟 시에 아침밥을 먹었습니다.

③ 보름달은 정말 크고 발갔습니다.

④ 아무리 찾아도 내 그림책이 업습니다.

⑤ 동생과 함께 라면을 끌여 먹었습니다.

[4~5] 다음 이야기를 읽고 물음에 답하시오.

㈎ "휴, 간신히 살았네. 하마터면 잡아먹힐 뻔 했어."

참외씨 한 개가 탈출을 했네요!

㈏ 참외씨는 재빨리 팔꿈치로 도망갔어요.

"두 번째 탈출 성공!"

참외씨는 달리기 시작했어요.

"어딜 그리 바삐 가는 게야?"

"탈출하는 중이에요. 그런데 할아버지는 누 구세요?"

"바람 따라 여기저기 떠돌아다니는 먼지란 다."

"그럼, 혹시 흙이 어디 있는지 아세요? 제 꿈은 흙 속에 들어가서 달고 맛있는 참외가 되는 거예요."

"음, 참외가 되는 건 쉽지 않아. 세상은 아 주 ㉠넓고 위험하거든."

"그래도 전 꼭 참외가 될 거예요!"

관련 단원 2. 낱말을 정확하게 읽어요

4 참외씨에 대한 설명으로 알맞은 것에 ○표 하 시오.

(1) 바람 따라 떠돌아다닌다. ( )

(2) 세상은 위험하다고 생각한다. ( )

(3) 흙 속에 들어가서 달고 맛있는 참외로 자라고 싶어 한다. ( )

관련 단원 2. 낱말을 정확하게 읽어요

5 ㉠을 알맞게 소리 내어 읽은 것은 무엇입니 까? ⋯⋯⋯⋯⋯⋯⋯⋯⋯⋯⋯⋯⋯⋯( )

① [널보] ② [널꼬] ③ [넙고]

④ [넙꼬] ⑤ [널코]

관련 단원 3. 그림일기를 써요

6 이 그림일기에 대한 설명으로 알맞은 것을 모두 골라 ○표 하시오.

(1) 그림을 내용에 알맞게 그렸다. (   )

(2) 날짜와 요일, 날씨를 모두 썼다. (   )

(3) 실제로 일어나지 않았던 일에 대해 썼다.
(   )

관련 단원 3. 그림일기를 써요

7 바른 자세로 발표하는 방법을 두 가지 골라 기호로 쓰시오. [5점]

> ㉠ 듣는 사람을 바라보며 말한다.
> ㉡ 말하는 사람을 바라보며 듣는다.
> ㉢ 허리를 펴고 바르게 서서 말한다.
> ㉣ 궁금한 점을 생각하며 발표를 듣는다.

(,   )

[8~10] 다음 글을 읽고 물음에 답하시오.

> 서윤이는 미역무침을 맛있게 먹었다. 나는 그 모습을 보고도 먹을 ㉠용기가 나지 않아 고개를 ㉡절레절레 저었다. 하지만 주위를 둘러보니 친구들이 모두 맛있게 미역무침을 먹고 있었다.
> '그럼 나도 한번 먹어 볼까?'
> 나는 눈을 ㉢질끈 감고 미역무침을 한번 먹어 보았다. 입을 살짝 벌려 미역무침을 조금 먹어 보았더니 생각보다 맛이 좋았다. 계속 먹다 보니 입안에 새콤함이 가득해졌다. 어느새 미역무침을 모두 다 먹었다.
> "주원이는 반찬을 ㉣골고루 잘 먹는구나."
> 선생님께서도 나를 칭찬해 주시며 박수도 쳐 주셨다.

관련 단원 4. 감동을 나누어요

8 서윤이가 한 행동을 찾아 ○표 하시오.

(1) 좋아하는 반찬만 먹었다. (   )

(2) 미역무침을 맛있게 먹었다. (   )

(3) 선생님께 박수를 쳐 드렸다. (   )

관련 단원 4. 감동을 나누어요

9 선생님께서 주원이를 칭찬해 주신 까닭은 무엇인지 쓰시오. [5점]

• (   )을/를 골고루 잘 먹었기 때문이다.

관련 단원 4. 감동을 나누어요

10 ㉠~㉣ 중, 다음 뜻을 나타내는 낱말은 무엇입니까? [5점]

> 겁이 없고 씩씩한 기운.

(   )

[11~13] 다음 글을 읽고 물음에 답하시오.

친구들처럼 훌라후프를 잘 돌리고 싶어서 나는 훌라후프가 있다고 생각하면서 허리를 이리저리 움직였다. ㉠선생님은 훌라후프 돌리기를 포기하지 않고 노력하는 모습이 기특하다고 칭찬해 주셨다. 칭찬을 받아서 기분이 좋았지만 다음에는 친구들처럼 훌라후프를 잘 돌리면 좋겠다.

관련 단원 5. 생각을 키워요

11 ㉠에서 '내'가 느꼈을 마음으로 알맞지 않은 것은 무엇입니까? ·······( )

① 기쁘다.　　　② 심심하다.
③ 뿌듯하다.　　④ 기분이 좋다.
⑤ 더 잘하고 싶다.

관련 단원 5. 생각을 키워요

12 '내'가 겪은 일로 알맞은 것에 ○표 하시오.

(1) 친구들에게 놀림을 받았다. ( )
(2) 훌라후프 돌리기를 성공하였다. ( )
(3) 훌라후프 없이도 허리를 움직였다.

　　　　　　　　　　　　　　　( )

관련 단원 5. 생각을 키워요

13 이 글에 대한 자신의 생각이나 느낌을 알맞게 말한 친구는 누구입니까? [5점]

동민: 나도 주인공처럼 훌라후프를 잘 돌리면 좋겠어.
정은: 어려워도 어떻게든 해보려고 하는 '나'의 모습을 본받고 싶어.

　　　　　　　　　　　　　　　( )

[14~15] 다음을 보고 물음에 답하시오.

문제		해결 방법
영화관에서 휴대 전화를 보고 있다.	+	영화관에서는 휴대 전화를 꺼둔다.

↓

자신의 생각
㉠휴대 전화의 불빛이 영화 관람을 방해하므로 영화관에서는 휴대 전화를 꺼두면 좋겠다.

관련 단원 6. 문장을 읽고 써요

14 어떤 상황을 보고 떠올린 생각일지 알맞은 그림의 기호를 쓰시오. [5점]

그림 ( )

관련 단원 6. 문장을 읽고 써요

15 ㉠을 다음과 같이 띄어 읽을 때, 어색한 부분은 어디입니까? [5점]

휴대①Ⅴ전화의 불빛이②Ⅴ영화 관람을 방해하므로③Ⅴ영화관에서는④Ⅴ휴대 전화를 꺼두면 좋겠다.

　　　　　　　　　　　　　　　( )

[16~18] 다음 글을 읽고 물음에 답하시오.

첫째, ⊙다른 사람의 모습을 함부로 찍어서는 안 됩니다. 다른 사람의 모습을 찍을 때에는 반드시 그 사람에게 허락을 받아야 합니다. 같은 반 친구나 선생님도 허락 없이 찍으면 안 됩니다.

둘째, ⓒ사진 촬영을 허락하지 않는 곳에서 사진을 찍어서는 안 됩니다. 사진을 찍을 때 내는 빛이 작품에 영향을 주기 때문입니다.

셋째, ⓒ사진을 찍을 때 다른 사람을 불편하게 해서는 안 됩니다. 사진을 찍기 전, 자신이 사람들이 다니는 길을 막고 있는지 먼저 살펴야 합니다.

관련 단원 7. 무엇이 중요할까요

16 다른 사람의 모습을 찍을 때에는 어떻게 해야 합니까? [5점]

• 사진을 찍어도 되는지 (   ) 을/를 받아야 한다.

관련 단원 7. 무엇이 중요할까요

17 ⊙~ⓒ 중, 다음 민수의 경험과 관련 있는 내용은 어느 것입니까? [5점]

민수는 여행을 갔다가 길을 막고 사진을 찍고 있는 사람들 때문에 한참을 움직이지 못하고 제자리에 서 있어야 했다.

(   )

관련 단원 7. 무엇이 중요할까요

18 이 글의 내용을 가장 잘 드러내는 제목은 무엇입니까? ················( )

① 사진을 모두 함께 찍어요
② 멋진 사진은 이렇게 찍어요
③ 공공장소에서 예의를 지켜요
④ 사진을 찍을 때 예의를 지켜요
⑤ 다른 사람을 불편하게 하면 안 돼요

서술형·논술형 문제   관련 단원 8. 느끼고 표현해요

19 겪은 일을 쓴 다음 글을 어떻게 고쳐야 할지 쓰시오. [15점]

현장 체험 학습을 갔다. 버스를 타고 수목원으로 갔다. 수목원에는 많은 나무가 있었다.
점심으로 김밥을 먹었다. 맛있었다. 수목원에서 술래잡기를 했다. 참 재미있었다.

_____

_____

관련 단원 8. 느끼고 표현해요

20 다음 이야기 속 인물의 모습을 상상한 것으로 알맞지 **않은** 것의 기호를 쓰시오. [5점]

[1]	농부가 밭을 갈다가 항아리를 발견했다. 그 항아리는 들어간 물건이 계속 나오는 요술 항아리였다.
[2]	밭을 팔았던 대감은 밭만 팔았지 요술 항아리는 팔지 않았다며 농부에게서 요술 항아리를 빼앗으려고 하였다.
[3]	농부와 대감은 원님에게 판결을 내려달라고 하였다. 이야기를 듣고 욕심이 난 원님은 요술 항아리를 자신이 보관하겠다며 가져가 버렸다.

⊙ [1]에서 농부는 요술 항아리에서 넣은 물건이 계속 나오자 기뻐하였을 것이다.
ⓒ [2]에서 대감은 농부에게 항아리를 내놓으라고 무서운 표정을 지었을 것이다.
ⓒ [3]에서 욕심이 난 원님은 슬픈 표정을 지었을 것이다.

(   )

어휘력 다지기

드러내야 / 들어내야

Q 사실을 드러내야 하나요, 들어내야 하나요?

A 사실을 드러내다 (○)

　가려 있거나 보이지 않던 것이 보여지는 것을 '드러내다'라고 해. 그리고 물건을 들어서 밖으로 옮기는 것을 '들어내다'라고 하지. '사실'은 들어서 옮기는 것이 아니라 밝히는 거니까 '드러내다'라고 해야 맞는 표현이야.

수학

🔵 단원별 중요 내용을 알아볼까?

---

① 100까지의 수　78쪽

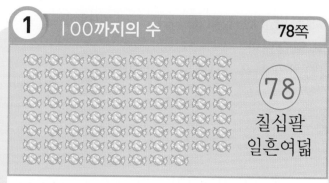

(78)

칠십팔
일흔여덟

99까지의 수

10개씩 묶음 7개와 낱개 8개를 78이라고 합니다. 78을 칠십팔 또는 일흔여덟이라고 읽습니다.

---

② 덧셈과 뺄셈(1)　90쪽

세 수의 합을 어떻게 구하지?

더해서 10이 되는 두 수를 먼저 더해.

10을 만들어 더하기

더해서 10이 되는 두 수를 찾아 먼저 더한 다음 나머지 수를 더합니다.

예) $4 + 3 + 7 = 4 + 10 = 14$

---

③ 모양과 시각　102쪽

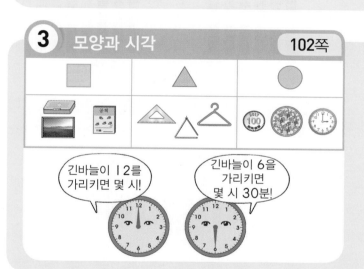

긴바늘이 12를 가리키면 몇 시!

긴바늘이 6을 가리키면 몇 시 30분!

---

④ 덧셈과 뺄셈(2)　114쪽

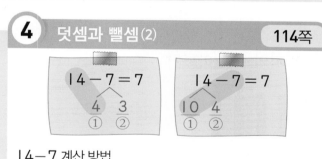

$$14 - 7 = 7$$

14-7 계산 방법

방법1 14에서 먼저 4를 빼고 남은 10에서 3을 빼어 구하면 $14 - 7 = 7$입니다.

방법2 10에서 먼저 7을 빼고 남은 3과 4를 더하여 구하면 $14 - 7 = 7$입니다.

---

⑤ 규칙 찾기　126쪽

• 색깔을 보고 규칙 찾기

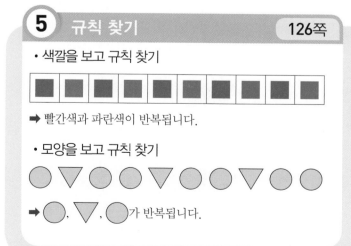

➡ 빨간색과 파란색이 반복됩니다.

• 모양을 보고 규칙 찾기

➡ ◯, ▽, ◯가 반복됩니다.

---

⑥ 덧셈과 뺄셈(3)　135쪽

낱개는 낱개끼리~

10개씩 묶음은 10개씩 묶음끼리 계산해.

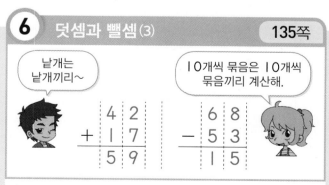

(몇십몇)+(몇십몇), (몇십몇)−(몇십몇)

낱개는 낱개끼리, 10개씩 묶음은 10개씩 묶음끼리 계산합니다.

1. 100까지의 수

수학 | 12 ~ 37쪽, 수학 익힘 | 5 ~ 20쪽

☀ 몇십 알아보기

10개씩 묶음	쓰기	읽기
	60	육십 예순
	70	칠십 일흔
	80	팔십 여든
	90	구십 아흔

☀ 99까지의 수 알아보기

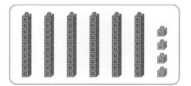

10개씩 묶음	낱개
6	4

64 (육십사, 예순넷)

☀ 수의 순서 알아보기

• 수의 순서

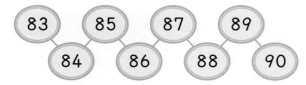

• 1만큼 더 큰 수와 1만큼 더 작은 수

　　　1만큼 더 작은 수　　1만큼 더 큰수
　　　　94　─　95　─　96

95보다 1만큼 더 작은 수는 94이고,
95보다 1만큼 더 큰 수는 96입니다.

☀ 100 알아보기

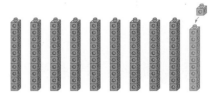

99보다 1만큼 더 큰 수를 100이라 쓰고 백이라
고 읽습니다.
10개씩 묶음 10개는 100입니다.

☀ 수의 크기 비교하기

① 10개씩 묶음이 많은 수가 더 큽니다.

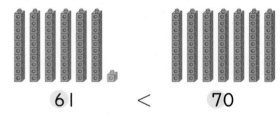

　　61　　　<　　　70

② 10개씩 묶음이 같으면 낱개가 많은 수가 더
큽니다.

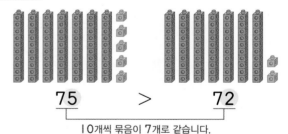

　　75　　　>　　　72

10개씩 묶음이 7개로 같습니다.

☀ 짝수와 홀수 알아보기

• 짝수 : 2, 4, 6, 8, 10과 같이 둘씩 짝을 지을
　　　　수 있는 수

• 홀수 : 1, 3, 5, 7, 9와 같이 둘씩 짝을 지을
　　　　수 없는 수

1 □ 안에 알맞은 수를 써넣으시오.

(1) 10개씩 묶음 7개는 □ 입니다.

(2) 10개씩 묶음 9개는 □ 입니다.

2 그림을 보고 □ 안에 알맞은 수를 써넣으시오.

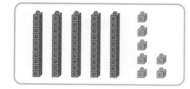

10개씩 묶음 5개와 낱개 7개는 □ 입니다.

3 □ 안에 알맞은 수를 써넣으시오.

10개씩 묶음	낱개
6	4

➡ □

4 아흔넷은 어느 것입니까? ⋯⋯⋯( )

① 54　　② 64　　③ 74
④ 84　　⑤ 94

5 수의 순서에 맞게 □ 안에 알맞은 수를 써넣으시오.

88 – 89 – 90 – □ – 92

6 두 수의 크기를 비교하여 ○ 안에 >, <를 알맞게 써넣으시오.

(1) 55 ○ 66

(2) 48 ○ 41

7 짝수에는 '짝'을, 홀수에는 '홀'을 쓰시오.

(1) 70 ( )　(2) 93 ( )

8 사탕은 모두 몇 개입니까?

( )개

9 65와 67 사이의 수는 무엇입니까?

( )

10 69보다 1만큼 더 큰 수를 두 가지 방법으로 읽어 보시오.

( ), ( )

* 배점이 표시되어 있지 않은 문제는 문제당 **4점**입니다.

1 그림을 보고 □ 안에 알맞은 수를 써넣으시오.

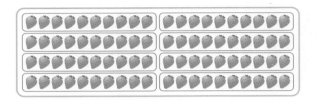

80은 10개씩 묶음 □ 개입니다.

2 □ 안에 알맞은 수를 써넣으시오.

100은 ┌ 99보다 □ 큰 수입니다.
      └ 90보다 □ 큰 수입니다.

3 수로 쓰시오.

일흔 ➡ (   )

4 그림을 보고 알맞은 말에 ○표 하시오.

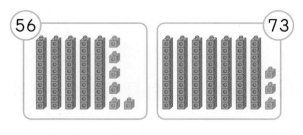

56은 73보다 (큽니다 , 작습니다).

5 빈 곳에 알맞은 수를 써넣으시오.

| 69 | | | 72 | 73 |

6 두 수의 크기를 비교하여 ○ 안에 >, <를 알맞게 써넣으시오.

(1) 73 ○ 98   (2) 88 ○ 84

7 빈 곳에 알맞은 수를 써넣으시오.

1만큼 더 작은 수   1만큼 더 큰 수

| | 86 | |

8 구슬의 수를 세어 수로 쓰고 읽어 보시오.

쓰기 (   )
읽기 (칠십오   ,   )

9 같은 것끼리 선으로 이으시오.

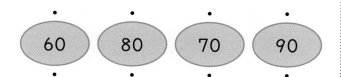

10 짝수가 아닌 것을 찾아 기호를 쓰시오.

┌─────────────────────────────────┐
│ ㉠ 92   ㉡ 65   ㉢ 78 │
└─────────────────────────────────┘

(   )

중요
11 나타내는 수가 다른 것은 어느 것입니까?
·· (   )

① 구십   ② 90
③ 아흔   ④ 예순
⑤ 10개씩 묶음 9개

서술형·논술형 문제
12 78과 82 사이의 수는 모두 몇 개인지 풀이 과정을 완성하고 답을 구하시오. [6점]

풀이 78부터 수를 순서대로 쓰면

78 – 79 – ☐ – ☐ – 82

이므로 78과 82 사이의 수는 모두

☐ 개입니다.

답 _____ 개

13 모두 몇 개인지 세어 수로 쓰시오.

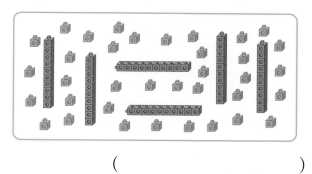

(   )

14 민수의 일기를 읽고 민수와 정수 중 밤을 더 많이 주운 사람을 찾아 쓰시오.

┌──────────────────────────────────────┐
│ ○월 ○일 ○요일 │   │
├──────────────────────────────────────┤
│ 오늘은 가족들과 주말 농장에서 밤을 주웠다. │
│ 주운 밤이 몇 개인지 세어 보았더니 내가   │
│ 65개, 정수가 48개였다. 우리가 주워 온   │
│ 밤을 엄마가 쪄 주셔서 맛있게 먹었다.   │
└──────────────────────────────────────┘

(   )

15 큰 초는 10살, 작은 초는 1살을 나타냅니다. 생일 케이크에 꽂힌 초는 몇 살을 나타내는지 풀이 과정을 완성하고 답을 구하시오. [8점]

풀이 초의 수를 세어 보면 큰 초는 ☐개, 작은 초는 ☐개입니다. 따라서 생일 케이크에 꽂힌 초는 ☐살을 나타냅니다.

답 _____ 살

16 지훈이가 슈퍼마켓에서 음료수를 사고 거스름돈으로 10원짜리 동전 6개를 받았습니다. 거스름돈은 얼마입니까?

( )원

17 큰 수부터 차례로 쓰시오.

| 87 | 69 | 72 |

( )

중요

18 다음이 나타내는 수를 두 가지 방법으로 읽어 보시오. [8점]

> 10개씩 묶음 7개와 낱개 26개

( ), ( )

19 조건을 모두 만족하는 수를 쓰시오. [8점]

> · 80보다 크고 90보다 작습니다.
> · 10개씩 묶음의 수가 낱개의 수보다 1 큽니다.

( )

20 0부터 9까지의 수 중에서 ●가 될 수 있는 수는 모두 몇 개인지 풀이 과정을 완성하고 답을 구하시오. [10점]

> 77 < 7●

풀이 10개씩 묶음이 ☐개로 같으므로 낱개를 비교하면 7 < ●입니다. 따라서 ●가 될 수 있는 수는 ☐, ☐로 모두 ☐개입니다.

답 _____ 개

* 배점이 표시되어 있지 않은 문제는 문제당 **4점**입니다.

1 ☐ 안에 알맞은 수를 써넣으시오.

60은 10개씩 묶음 ☐ 개입니다.

2 두 수의 크기를 비교하여 ○ 안에 >, <를 알맞게 써넣으시오.

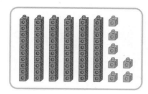 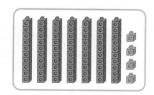

67 ○ 74

3 수를 두 가지 방법으로 읽어 보시오.

77

(   ), (   )

4 ☐ 안에 알맞은 수를 써넣으시오.

(1) 79와 82 사이의 수는 ☐ , ☐ 입니다.

(2) 94보다 1 큰 수는 ☐ 입니다.

5 중요

구슬을 10개씩 묶어 세어 빈 곳에 알맞은 수를 써넣으시오.

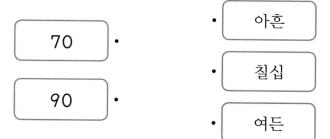

10개씩 묶음	낱개	➡	

6 관계있는 것끼리 선으로 이어 보시오.

70 ·

90 ·

· 아흔

· 칠십

· 여든

7 중요

주어진 수보다 1만큼 더 큰 수에 ○표, 1만큼 더 작은 수에 △표 하시오.

66

(67 , 56 , 77 , 65)

8 빈 곳에 알맞은 수를 써넣으시오.

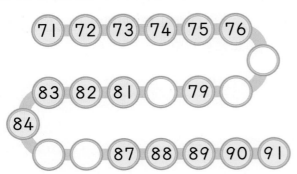

9 지아네 할아버지의 연세를 수로 써 보시오.

우리 할아버지의
연세는 예순이야.

지아

(   )

중요
서술형·논술형 문제

10 ○ 안에 >, <를 알맞게 써넣고, 바르게 읽어 보시오. [6점]

92 ○ 89

읽기 _____

11 서우는 공부한 부분까지 빨간 종이로 표시해 두 었습니다. 어떤 과목을 더 많이 공부했습니까?

영어   수학

(   )

12 홀수를 찾아 빈칸에 알맞게 써넣으시오.

| 72 | 65 | 54 | 67 |

○ > ○

13 98과 100 사이의 수를 쓰시오.

(   )

서술형·논술형 문제

14 수를 사용하여 문장을 만들어 보시오. [6점]

59 _____

_____

15 승아가 산 사탕은 모두 몇 개인지 수로 쓰시오.

사탕을 10개씩 묶음 8봉지와 낱개 5개 샀어.

승아

(   )개

16 89보다 크고 93보다 작은 수는 모두 몇 개 입니까?

(   )개

서술형·논술형 문제

17 육십사보다 큰 짝수를 찾는 풀이 과정을 완성하고 답을 구하시오. [8점]

| 56 | 85 | 78 | 63 |

풀이 육십사를 수로 쓰면 [   ] 이고 이 수 보다 큰 수는 [   ] 와 [   ] 입니다. 따라서 짝수를 찾으면 [   ] 입니다.

답 _____

18 □ 안에 들어갈 수 있는 수에 모두 ○표 하시오. [6점]

$$63 < \boxed{}1$$

(6 , 7 , 8 , 9)

서술형·논술형 문제

19 승우네 반 학생들은 고구마 캐기 체험을 했습니다. 고구마를 지율이네 모둠은 63개 캤고, 승우네 모둠은 지율이네 모둠보다 1개 더 많이 캤습니다. 승우네 모둠은 고구마를 몇 개 캤는지 풀이 과정을 완성하고 답을 구하시오. [8점]

풀이 승우네 모둠은 지율이네 모둠에서 캔 [   ] 개보다 [   ] 개 더 많이 캤으므로 [   ] 개를 캤습니다.

답 _____ 개

20 □ 안에는 0부터 9까지의 수가 들어갈 수 있습니다. 다음 네 수 중에서 가장 큰 수의 기호를 쓰시오. [10점]

| ㉠ 7□ | ㉡ 8□ | ㉢ 79 | ㉣ 6□ |

(   )

* 배점이 표시되어 있지 않은 문제는 문제당 4점입니다.

1 그림을 보고 □ 안에 알맞은 수를 써넣으시오.

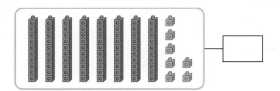

2 그림을 보고 알맞은 말에 ○표 하시오.

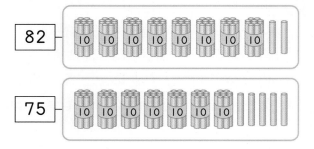

(1) 82는 75보다 (큽니다 , 작습니다).

(2) 75는 82보다 (큽니다 , 작습니다).

3 빈 곳에 알맞은 수를 써넣으시오.

| 96 | | 98 | | |

4 두 수의 크기를 비교하여 ○ 안에 >, <를 알맞게 써넣으시오.

54 ◯ 51

5 80을 잘못 읽은 사람은 누구입니까?

(   )

중요
6 다음 수를 쓰고 읽어 보시오.

99보다 1만큼 더 큰 수

쓰기 (   )
읽기 (   )

7 왼쪽의 두 수 사이의 수를 모두 찾아 ○표 하시오.

84 , 91 ── (90 , 68 , 87 , 79)

중요
8 같은 수를 찾아 선으로 이으시오.

(1) 10개씩 묶음 8개 •   • 90

(2) 10개씩 묶음 7개 •   • 80

(3) 10개씩 묶음 9개 •   • 60

(4) 10개씩 묶음 6개 •   • 70

9 두 수의 크기를 비교하여 ○ 안에 >, <를 알맞게 써넣으시오.

$$85 \bigcirc 일흔일곱$$

서술형·논술형 문제

10 수영이가 설명하는 수를 넣어 문장을 만들어 보시오. [6점]

90보다 10만큼 더 큰 수야.

수영

_____

_____

11 구슬을 한 봉지에 10개씩 담으려고 합니다. 모두 몇 봉지가 되고, 남는 구슬은 몇 개입니까?

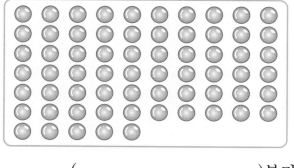

( )봉지

남는 구슬 ( )개

12 빈칸에 들어갈 수를 읽으면 [일흔하나]인 곳을 찾아 기호를 쓰시오.

$$67 - 68 - \boxed{㉠} - \boxed{㉡}$$
$$- \boxed{㉢} - \boxed{㉣} - \boxed{㉤}$$

( )

중요
13 큰 수부터 차례로 쓰시오.

75	69	77

( )

14 학생들이 번호 순서대로 줄을 서서 급식을 받으려고 합니다. 54번과 58번 사이에 서 있는 학생은 몇 명입니까?

( )명

15 윤주는 색종이를 마흔두 장 가지고 있고 진우는 예순 장 가지고 있습니다. 윤주와 진우 중 색종이를 더 많이 가지고 있는 사람은 누구입니까?

( )

16 다음이 나타내는 수를 두 가지 방법으로 읽어 보시오.

> |0개씩 묶음 4개와 낱개 |2개

( ), ( )

17 은정이가 설명하는 수를 찾는 풀이 과정을 완성하고 답을 구하시오. [8점]

풀이 57과 60 사이의 수는 ☐ , ☐ 입니다. 그중 짝수는 ☐ 입니다.

답 _____

18 O부터 9까지의 수 중에서 ●가 될 수 있는 수는 모두 몇 개인지 풀이 과정을 완성하고 답을 구하시오. [8점]

> 94<9●

풀이 |0개씩 묶음의 수가 ☐ 로 같으므로

낱개의 수를 비교하면 ☐ < ☐ 입니다.

따라서 ●가 될 수 있는 수는

☐ , ☐ , ☐ , ☐ , ☐ 로 모두 ☐ 개입니다.

답 _____ 개

19 수정이의 일기를 보고 수정이네 모둠이 심은 꽃은 몇 송이인지 구하시오. [8점]

식목일을 맞아 반 친구들과 학교 화단에 꽃을 심었다. 은수네 모둠은 |0송이씩 묶음 5개와 낱개 9송이를 심었고, 우리 모둠은 은수네 모둠보다 한 송이를 더 많이 심었다. 앞으로 꽃이 잘 자라도록 잘 돌봐줘야겠다.

( )송이

20 3장의 수 카드 중 2장을 뽑아 한 번씩만 사용하여 몇십몇을 만들려고 합니다. 75보다 큰 수는 모두 몇 개 만들 수 있습니까? [10점]

> 7 | 9

( )개

서술형·논술형 문제

1 100을 잘못 말한 사람은 누구인지 쓰고 잘못 말한 내용을 바르게 고치시오. [8점]

> 99보다 1만큼 더 큰 수야.
> — 지우

> 90보다 1만큼 더 큰 수야.
> — 현웅

이름 _____

바르게 고치기 _____

_____

2 줄넘기를 가장 적게 한 친구를 찾는 풀이 과정을 완성하고 답을 구하시오. [8점]

난 85번 — 소라
나는 78번 — 지훈
나는 91번 — 정수
난 65번 — 연아

풀이 10개씩 묶음이 85는 8개, 78은 7개, 91은 ☐개, 65는 ☐개이므로 줄넘기를 가장 적게 한 친구는 10개씩 묶음이 가장 적은 ☐입니다.

답 _____

3 3장의 수 카드 중 2장을 뽑아 한 번씩만 사용하여 만들 수 있는 몇십몇 중 홀수를 모두 찾는 풀이 과정을 쓰고 답을 구하시오. [10점]

| 2 | 5 | 8 |

풀이 _____

_____

_____

_____

답 _____

4 은서의 일기를 읽고 은서가 딴 딸기는 몇 개인지 풀이 과정을 쓰고 답을 구하시오. [10점]

◯월 ◯일 ◯요일	☀ ☁ ☂ ⛄

오늘 엄마, 아빠랑 딸기 따기 체험을 다녀왔다. 딸기를 엄마는 10개씩 묶음 4개와 낱개 5개, 나는 엄마보다 2개 더 적게 땄다. 딸기도 따고 먹을 수 있어서 정말 좋았다.

풀이 _____

_____

_____

_____

답 _____ 개

2. 덧셈과 뺄셈(1)

수학
핵심개념 정리

❋ 세 수의 덧셈

두 수를 더하여 나온 수에 나머지 한 수를 더합니다.

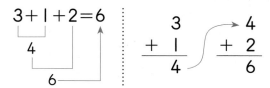

$$3+1+2=6$$

❋ 세 수의 뺄셈 → 앞에서부터 차례로 계산합니다.

앞의 두 수의 뺄셈을 하여 나온 수에서 나머지 한 수를 뺍니다.

$$7-3-2=2$$

❋ 10이 되는 더하기

(1) 이어 세기로 더하기

7 8 9 10 ➡ $7+3=10$

(2) ○를 그려서 더하기

> 7개, 3개가 모여 10칸이 모두 채워져요.

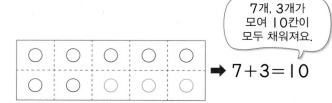

➡ $7+3=10$

(3) 모으기 하여 10이 되는 두 수를 더하면 10이 됩니다.

$1+9=10$	$2+8=10$	$3+7=10$
$4+6=10$	$5+5=10$	$6+4=10$
$7+3=10$	$8+2=10$	$9+1=10$

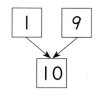

1과 9를 모으면 10입니다.

❋ 10에서 빼기

(1) 거꾸로 세기로 빼기

8 9 10 ➡ $10-2=8$

(2) ╱로 지워서 빼기

➡ $10-4=6$

○ 10개 중에서 4개를 ╱로 지우면 남은 ○는 6개입니다.

(3) 10을 두 수로 가르고 10에서 빼기를 합니다.

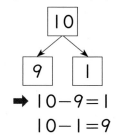

10

9 1

➡ $10-9=1$
$10-1=9$

❋ 10을 만들어 더하기

(1) 앞의 두 수로 10을 만들어 세 수 더하기

$$3+7+2=12$$

① 10
② 12

① 3과 7을 더해서 10을 만듭니다.
② 만든 10에 나머지 수 2를 더합니다.

(2) 뒤의 두 수로 10을 만들어 세 수 더하기

$$7+5+5=17$$

① 10
② 17

① 5와 5를 더해서 10을 만듭니다.
② 만든 10에 나머지 수 7을 더합니다.

1 그림을 보고 □ 안에 알맞은 수를 써넣으시오.

$2+3+4=$ □

2 그림을 보고 □ 안에 알맞은 수를 써넣으시오.

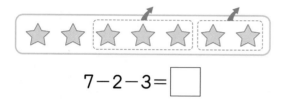

$7-2-3=$ □

3 계산을 하시오.

(1) $2+1+5$

(2) $9-4-1$

4 그림을 보고 □ 안에 알맞은 수를 써넣으시오.

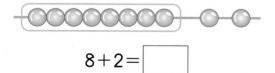

$8+2=$ □

5 그림을 보고 10이 되는 더하기를 하려고 합니다. □ 안에 알맞은 수를 써넣으시오.

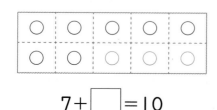

$7+$ □ $=10$

6 그림을 보고 □ 안에 알맞은 수를 써넣으시오.

$6+4=$ □

7 그림을 보고 □ 안에 알맞은 수를 써넣으시오.

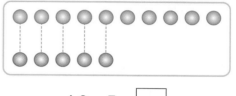

$10-5=$ □

8 그림을 보고 □ 안에 알맞은 수를 써넣으시오.

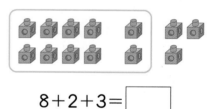

$8+2+3=$ □

9 그림을 보고 □ 안에 알맞은 수를 써넣으시오.

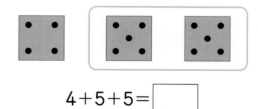

$4+5+5=$ □

10 계산을 하시오.

(1) $1+9+8$

(2) $6+7+3$

정답 ○ 꼼꼼 풀이집 16쪽

* 배점이 표시되어 있지 않은 문제는 문제당 4점입니다.

1 그림을 보고 □ 안에 알맞은 수를 써넣으시오.

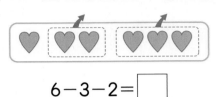

$$6-3-2=\boxed{}$$

2 □ 안에 알맞은 수를 써넣으시오.

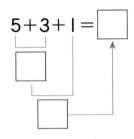

$$5+3+1=\boxed{}$$

3 덧셈을 바르게 한 것을 찾아 ○표 하시오.

3+7=37	2+8=10
( )	( )

중요

4 합이 같은 것끼리 이어 보시오.

2+1+5	·	·	2+3+4
1+3+5	·	·	1+1+6

5 합이 10이 되는 두 수를 ◯로 묶고, □ 안에 세 수의 합을 써넣으시오.

6 □ 안에 알맞은 수를 써넣으시오.

7 ☆ 모양이 모두 10개가 되도록 ☆ 모양을 더 그려 넣으려고 합니다. 몇 개를 더 그려 넣어야 합니까?

(   )개

8 두 수의 합을 빈 곳에 써넣으시오.

5	5

12 •보기•와 같은 방법으로 계산하시오.

┌─보기─┐
$7+3+6=16$
10
16

┌─────┐
$2+8+3$
└─────┘

9 합을 구하여 이어 보시오.

| $3+2+3$ | • | • | 7 |
| $4+1+2$ | • | • | 8 |

13 다음 중에서 계산 결과가 가장 큰 것은 어느 것입니까? ·············· (   )

① $5-2-2$ ② $8-6-1$
③ $7-3-4$ ④ $9-3-4$
⑤ $6-2-3$

10 그림을 보고 ☐ 안에 알맞은 수를 써넣으시오.

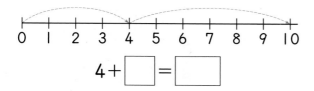

$4+☐=☐$

서술형·논술형 문제

14 소미는 사탕 10개 중 3개를 먹었습니다. 소미가 먹고 남은 사탕은 몇 개인지 식을 쓰고 답을 구하시오. [8점]

식 _____

답 _____개

11 그림을 보고 ☐ 안에 알맞은 수를 써넣으시오.

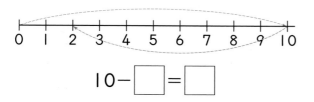

$10-☐=☐$

중요

15 지훈이는 동화책을 어제는 6쪽, 오늘은 4쪽 읽었습니다. 지훈이가 어제와 오늘 읽은 동화책은 모두 몇 쪽입니까?

(   )쪽

16 합이 10이 되는 곳을 따라 선으로 이어 보시오.

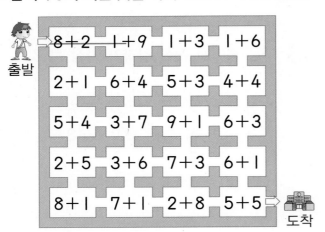

서술형·논술형 문제

17 계산이 틀린 이유를 쓰시오. [10점]

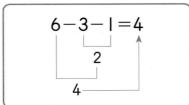

이유 _____

_____

18 가장 큰 수에서 나머지 두 수를 뺀 값을 구하시오.

| 2 | 9 | 4 |

(   )

19 밑줄친 두 수의 합이 10이 되도록 ◯ 안에 수를 써넣고 식을 완성해 보시오. [8점]

(1) $5 + 2 + \bigcirc = \boxed{}$

(2) $\bigcirc + 9 + 4 = \boxed{}$

서술형·논술형 문제

20 도하는 구슬을 8개 가지고 있습니다. 형에게 구슬 1개를 받았고, 누나에게 구슬 9개를 받았습니다. 도하가 가지고 있는 구슬은 모두 몇 개인지 식을 쓰고 답을 구하시오. [10점]

식 _____

답 _____ 개

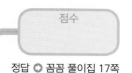

단원평가 2회

점수

정답 ➡ 꼼꼼 풀이집 17쪽

* 배점이 표시되어 있지 않은 문제는 문제당 **4점**입니다.

1 그림을 보고 □ 안에 알맞은 수를 써넣으시오.

$2+3+\square=\square$

중요

2 그림을 보고 □ 안에 알맞은 수를 써넣으시오.

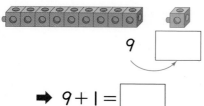

9

➡ $9+1=\square$

3 그림을 보고 □ 안에 알맞은 수를 써넣으시오.

$8-2-3=\square$

4 양손에 있는 공깃돌을 세어 □ 안에 알맞은 수를 써넣으시오.

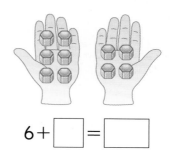

$6+\square=\square$

5 ○ 모양이 모두 10개가 되도록 ○ 모양을 그려 넣으시오.

6 합이 10이 되는 두 수를 ◯로 묶은 뒤 세 수의 합을 구하시오.

7	3
	6

$7+3+6=\square$

7 합을 구하여 이어 보시오.

$5+2+8$ ・   ・ 18

$6+4+8$ ・   ・ 15

$4+9+1$ ・   ・ 14

8 7+3의 합과 같은 식을 찾아 기호를 쓰시오.

> ㉠ 5+4   ㉡ 6+3   ㉢ 1+9

(   )

9 빈칸에 알맞은 수를 써넣으시오.

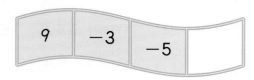

| 9 | −3 | −5 | |

★ 중요

10 합이 10인 덧셈식이 <u>아닌</u> 것은 어느 것입니까?···(   )

① 5+5   ② 8+2   ③ 4+6
④ 6+3   ⑤ 1+9

11 가장 큰 수와 가장 작은 수의 차를 구하시오.

> 8   4   10

(   )

12 계산 결과의 크기를 비교하여 ○ 안에 >, =, <를 알맞게 써넣으시오.

$$2+1+5 \bigcirc 4+2+3$$

13 왼쪽의 수와 더하여 10이 되는 수를 찾아 ○표, 오른쪽의 수와 더하여 10이 되는 수를 찾아 △표 하시오.

| 2 | 5 | 6 | 7 | 8 | 9 | 5 |

서술형·논술형 문제

14 우진, 청아, 미라가 가져오기로 한 색종이는 모두 몇 장인지 식을 쓰고 답을 구하시오. [8점]

나는 색종이 3장을 가져올게. — 우진
나는 7장~ — 청아
난 1장만 가져올래. — 미라

식 _____

답 _____ 장

15 나무 위에 참새가 7마리 있습니다. 참새 3마리가 더 날아왔습니다. 나무 위에 있는 참새는 모두 몇 마리입니까?

(   )마리

중요
16 계산 결과가 큰 것부터 차례대로 기호를 쓰시오. [6점]

> ㉠ 4+6+3
> ㉡ 5+5+5
> ㉢ 2+1+9

(   )

서술형·논술형 문제
17 축구 경기에서 몇 골을 넣었는지 나타낸 것입니다. 1반이 넣은 골은 모두 몇 골인지 식을 쓰고 답을 구하시오. [10점]

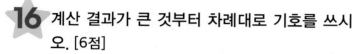

1반	2반		1반	3반		1반	4반
6	2		4	3		2	5

식

_____

답 _____ 골

18 □ 안에 알맞은 수를 써넣으시오.

$$8-3-\boxed{}=2$$

19 승기는 어제 종이학을 4개 만들었습니다. 오늘 몇 개를 더 만들어서 종이학이 모두 10개가 되었습니다. 승기가 오늘 만든 종이학은 몇 개입니까?

(   )개

서술형·논술형 문제
20 들고 있는 덧셈식의 합이 같은 사람끼리 짝꿍이 됩니다. 민지의 짝꿍은 누구인지 풀이 과정을 완성하고 답을 구하시오. [12점]

민지

영호

성우

풀이 $3+1+2=\boxed{}$, $1+1+4=\boxed{}$,

$2+3+3=\boxed{}$ 이므로 민지와 $\boxed{}$

가 들고 있는 덧셈식의 합이 같습니다. 따라서 민지의 짝꿍은 $\boxed{}$ 입니다.

답 _____

수
학

* 배점이 표시되어 있지 않은 문제는 문제당 4점입니다.

1 그림을 보고 □ 안에 알맞은 수를 써넣으시오.

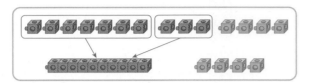

$$7+3+4=\boxed{}$$

2 그림을 보고 □ 안에 알맞은 수를 써넣으시오.

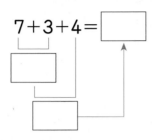

$$6-3-\boxed{}=\boxed{}$$

3 그림을 보고 □ 안에 알맞은 수를 써넣으시오.

$$\boxed{}+\boxed{}=\boxed{}$$

4 합이 다른 하나를 찾아 ×표 하시오.

2+8	6+3	8+2
( )	( )	( )

5 빈 곳에 알맞은 수를 써넣으시오.

2 → +1 → +5 → □

6 합이 10이 되는 두 수를 찾아 이어 보시오.

5	·	·	7
3	·	·	9
1	·	·	5

7 그림과 같은 옷에서 단추가 2개 떨어졌습니다. 남은 단추는 몇 개입니까?

( )개

8 개구리가 8번째 연잎에서 오른쪽으로 2번 더 뛰었다면 몇 번째 연잎에 갔는지 구하시오.

첫 번째

(   )번째

9 합을 구하여 이어 보시오.

$1+9+7$	•		•	18
$5+5+4$	•		•	14
$8+4+6$	•		•	17

중요
10 계산 결과가 더 작은 식에 색칠하시오.

| $8-2-1$ | | $9-3-4$ |

11 가장 큰 수와 가장 작은 수의 차를 구하시오.

| 2 | 10 | 7 |

(   )

[12~13] 기훈이네 모둠 학생들이 가지고 있는 수 카드입니다. 물음에 답하시오.

| 6 | 5 | 7 | 4 | 3 |
| 기훈 | 민채 | 영아 | 현준 | 남경 |

12 기훈이가 가지고 있는 수 카드와 더해서 10이 되는 수 카드를 가진 학생은 누구입니까?

(   )

13 다른 학생이 가지고 있는 수 카드와 더해서 10이 되는 수 카드를 가지고 있지 <u>않은</u> 학생은 누구입니까?

(   )

서술형·논술형 문제

14 영주네 모둠 학생은 모두 10명입니다. 이중 남학생이 5명일 때 여학생은 몇 명인지 식을 쓰고 답을 구하시오. [8점]

식 _____

답 _____ 명

15 주사위를 3번 던져서 나온 눈의 합이 10이 되었습니다. 첫 번째는 4의 눈이 나왔고 두 번째는 2의 눈이 나왔습니다. 세 번째로 나온 눈은 얼마입니까? ·························· (　　　)

① 1　　　　② 2　　　　③ 3
④ 4　　　　⑤ 5

중요

16 •보기•와 같이 밑줄 친 두 수의 합이 10이 되도록 ○ 안에 수를 써넣고 식을 완성해 보시오. [6점]

┌ 보기 ─────────────────┐
│ 　　5+⑤+2= 12 │
└──────────────────────┘

7+○+6=□

서술형·논술형 문제

17 문어의 다리는 8개, 닭의 다리는 2개, 소의 다리는 4개입니다. 문어와 닭과 소의 다리 수의 합은 모두 몇 개인지 식을 쓰고 답을 구하시오. [10점]

식 _____

답 _____ 개

중요

18 공깃돌 10개가 담겨 있는 상자에서 손바닥 위의 수만큼 꺼냈습니다. 그림을 이용하여 덧셈식과 뺄셈식을 만들어 보시오. [6점]

┌──────────────────────────┐
│ 덧셈식 □ + □ = □ │
│ 뺄셈식 □ − □ = □ │
└──────────────────────────┘

19 1부터 9까지의 수 중 □ 안에 들어갈 수 있는 수를 모두 구하시오.

┌──────────────────────────┐
│ 　　9−1−□>5 │
└──────────────────────────┘

(　　　　　　　　　)

서술형·논술형 문제

20 오른쪽 동전과 같은 모양에 쓰인 수들의 합을 구하려고 합니다. 풀이 과정을 완성하고 답을 구하시오. [10점]

④ ⑤ 3 2 1 6 9

풀이 동전은 ○ 모양이므로 ○ 모양에 쓰인 수들을 찾으면 4, □, □ 입니다.

따라서 4+□+□=□ 입니다.

답 _____

서술형·논술형 문제

1 버스에 8명이 타고 있습니다. 학교 앞에서 4명이 내리고 도서관 앞에서 1명이 내렸습니다. 버스에 남은 사람은 몇 명인지 식을 쓰고 답을 구하시오. [6점]

식 _____

답 _____ 명

2 세 수의 합을 구하여 ·보기·에서 그 합의 글자를 찾아 쓰려고 합니다. 풀이 과정을 완성하고 답을 구하시오. [10점]

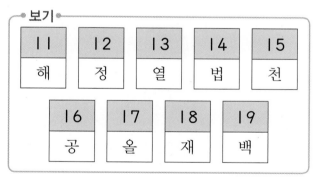

┌─ 보기 ─

11	12	13	14	15
해	정	열	법	천

16	17	18	19
공	올	재	백

$3+3+7=$ ☐ ➡ ☐

$8+2+6=$ ☐ ➡ ☐

풀이 $3+3+7=$ ☐ 이므로 ☐ 이고,

$8+2+6=$ ☐ 이므로 ☐ 입니다. 따라서 찾은 글자는 ☐ 입니다.

답 _____

3 어머니께서 간식을 만들기 위해 달걀 10개를 샀습니다. 김밥을 만드는 데 달걀을 6개 사용했고, 샌드위치를 만드는 데 남은 달걀을 모두 사용했습니다. 김밥과 샌드위치 중 무엇을 만드는 데 사용한 달걀이 더 많은지 알아보시오. [총 20점]

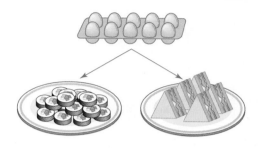

(1) 샌드위치를 만드는 데 사용한 달걀은 몇 개인지 식을 쓰고 답을 구하시오. [8점]

식 _____

답 _____ 개

(2) 김밥과 샌드위치 중에서 어느 간식을 만드는 데 사용한 달걀이 더 많은지 풀이 과정을 쓰고 답을 구하시오. [12점]

풀이 _____

_____

_____

답 _____

3. 모양과 시각

☀ 여러 가지 모양 찾아보기

교실이나 주변에서 ▢, △, ◯ 모양을 찾고 같은 모양끼리 모을 수 있습니다.

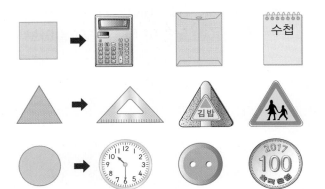

☀ 여러 가지 모양 알아보기

모양 본뜨기, 물감을 묻혀 찍기, 점토 찍어 내기 등 여러 가지 방법으로 ▢, △, ◯ 모양을 알아볼 수 있습니다.

모양 본뜨기

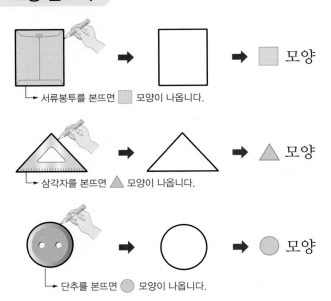

└ 서류봉투를 본뜨면 ▢ 모양이 나옵니다.

└ 삼각자를 본뜨면 △ 모양이 나옵니다.

└ 단추를 본뜨면 ◯ 모양이 나옵니다.

모양	특징
▢	뾰족한 부분이 네 군데입니다.
△	뾰족한 부분이 세 군데입니다.
◯	뾰족한 부분이 없습니다.

☀ 몇 시 알아보기

짧은바늘이 **3**, 긴바늘이 **12**를 가리킬 때 시계는 **3**시를 나타내고 세 시라고 읽습니다.

☀ 몇 시 나타내기

■시일 때 짧은바늘이 ■를 가리키도록 그립니다.	➡	긴바늘이 **12**를 가리키도록 그립니다.

☀ 몇 시 30분 알아보기

짧은바늘이 **1**과 **2**의 가운데, 긴바늘이 **6**을 가리킬 때 시계는 **1**시 **30**분을 나타내고 한 시 삼십 분이라고 읽습니다.

☀ 몇 시 30분 나타내기

■시 **30**분일 때 짧은바늘이 ■와 다음 수의 가운데를 가리키도록 그립니다.	➡	긴바늘이 **6**을 가리키도록 그립니다.

1 ▨ 모양을 모두 찾아 ○표 하시오.

(   ) (   ) (   ) (   )

[2~3] 왼쪽과 같은 모양의 물건에 ○표 하시오.

2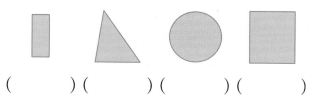

(   ) (   ) (   )

3

(   ) (   ) (   )

4 오른쪽은 어떤 모양의 부분을 나타낸 그림입니다. 알맞은 모양에 ○표 하시오.

(   ) (   ) (   )

5 오른쪽 그림에서 ▨ 모양을 몇 개 이용했는지 세어 보시오.

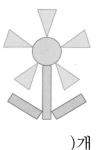

(   )개

6 시계가 나타내는 시각에 ○표 하시오.

(4시 , 8시)

7 시각을 써 보시오.

 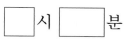

□시 □분

8 시각에 맞게 짧은바늘을 그려 넣으시오.

6시 ➡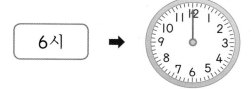

9 7시 30분을 나타낸 시계에 ○표 하시오.

(   )   (   )

10 시곗바늘이 각각 다음 수를 가리킬 때의 시각을 써 보시오.

짧은바늘: 3, 긴바늘: 12

(   )시

수학 단원평가 1회

정답 ◑ 꼼꼼 풀이집 19쪽

* 배점이 표시되어 있지 않은 문제는 문제당 **4점**입니다.

1 ▲ 모양을 모두 찾아 ○표 하시오.

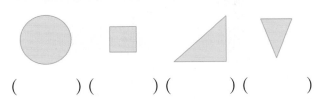

(   ) (   ) (   ) (   )

[2~3] 왼쪽과 같은 모양의 물건에 ○표 하시오.

2

(   ) (   ) (   )

3

(   ) (   ) (   )

4 다음 모양을 꾸미는 데 이용한 모양을 모두 찾아 ○표 하시오.

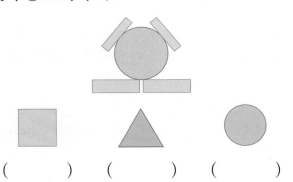

(   ) (   ) (   )

5 시각을 쓰시오.

☐시

[6~7] 시각을 바르게 나타냈으면 ○표, 아니면 ×표 하시오.

6

2시   

(   )

7

10시   

(   )

8 같은 시각끼리 이어 보시오.

(1) 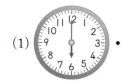 · · ㉠

· ㉡

(2)  · · ㉢

9 시각에 알맞게 시곗바늘을 그려 보시오.

열 시

10 2시 30분을 나타내는 시계에 ◯표 하시오

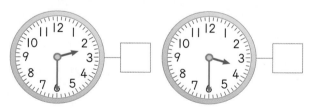

11 시각을 나타내시오.

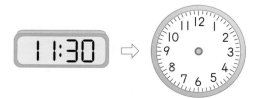

11:30 ⇨

[12~13] ■, ▲, ● 모양을 이용하여 꾸민 모양입니다. 물음에 답하시오.

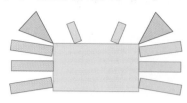

12 위 모양을 꾸미는 데 이용하지 <u>않은</u> 모양을 찾아 ◯표 하시오.

( ) ( ) ( )

13 ■ 모양을 몇 개 이용했는지 세어 보시오. [6점]

( )개

[14~15] 물건을 보고 물음에 답하시오.

㉠ ㉡ ㉢ 김밥 ㉣ 공책

14 ● 모양의 물건을 찾아 기호를 쓰시오.

( )

15 ▲ 모양의 물건을 모두 찾아 기호를 쓰시오.

( )

[16~17] ■, ▲, ● 모양을 이용하여 꾸민 모양입니다. 물음에 답하시오.

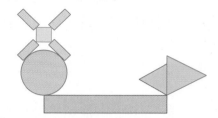

16 ■, ▲, ● 모양을 각각 몇 개씩 이용했는지 세어 보시오. [6점]

■ 모양 (   )개

▲ 모양 (   )개

● 모양 (   )개

중요
17 가장 많이 이용한 모양에 ○표 하시오. [6점]

(   ) (   ) (   )

서술형·논술형 문제
18 성태가 이야기한 것입니다. 틀린 부분을 찾아 바르게 고치시오. [8점]

▲ 모양은 뾰족한 부분이 네 군데야.

성태

바르게 고치기

_____

_____

19 다음 모양을 꾸미는 데 이용하지 <u>않은</u> 모양을 찾아 ○표 하시오. [8점]

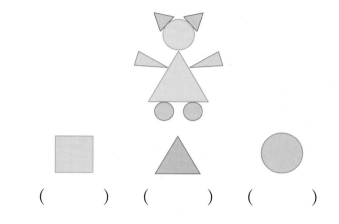

(   ) (   ) (   )

서술형·논술형 문제
20 어느 날 근우, 초아, 해주가 점심을 먹은 시각을 시계에 나타낸 것입니다. 점심을 1시에 먹은 사람은 누구인지 풀이 과정을 완성하고 답을 구하시오. [10점]

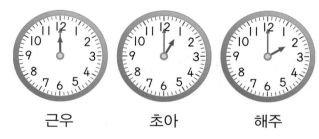

근우   초아   해주

풀이 점심을 먹은 시각을 각각 알아보면

근우는 ☐시, 초아는 ☐시, 해주는

☐시입니다.

따라서 점심을 1시에 먹은 사람은 ☐

입니다.

답 _____

정답 ○ 꼼꼼 풀이집 20쪽

* 배점이 표시되어 있지 않은 문제는 문제당 **4점**입니다.

1 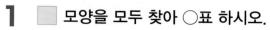 모양을 모두 찾아 ○표 하시오.

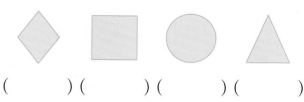

(   ) (   ) (   ) (   )

2 왼쪽과 같은 모양의 물건에 ○표 하시오.

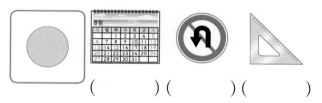

(   ) (   ) (   )

3 시각을 써 보시오.

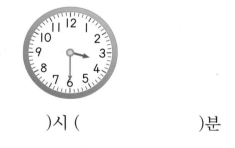

(   )시 (   )분

4 오른쪽과 같은 시각을 나타 내는 시계에 ○표 하시오.

(   ) (   ) (   )

[5~6] ■, ▲, ● 모양을 이용하여 잠자리를 꾸민 모양입니다. 알맞은 모양에 ○표 하시오.

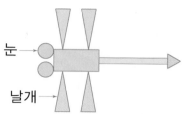

5 잠자리의 눈은 (■ , ▲ , ●) 모양으로 꾸 몄습니다.

6 잠자리의 날개는 (■ , ▲ , ●) 모양으로 꾸몄습니다.

[7~8] ■, ▲, ● 모양을 이용하여 꾸민 모양 입니다. 물음에 답하시오.

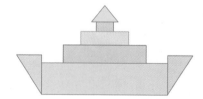

중요

7 위 모양을 꾸미는 데 이용하지 <u>않은</u> 모양을 찾아 ○표 하시오.

(   )   (   )   (   )

8 ■ 모양을 몇 개 이용했는지 세어 보시오.

(   )개

[9~10] 물건을 보고 물음에 답하시오.

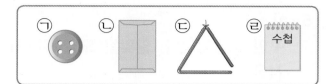

9 ▲ 모양의 물건을 찾아 기호를 쓰시오.

( )

10 ■ 모양의 물건을 모두 찾아 기호를 쓰시오.

( )

11 시곗바늘이 각각 다음 수를 가리킵니다. 시곗바늘을 그려 넣고 시각을 써 보시오.

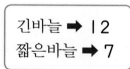 

긴바늘 ➡ 12
짧은바늘 ➡ 7

( )시

12 시계의 두 시곗바늘이 같은 수를 가리키는 시각은 언제입니까? ·········· ( )

① 2시   ② 4시 30분
③ 6시   ④ 9시 30분
⑤ 12시

[13~14] 그림을 보고 물음에 답하시오.

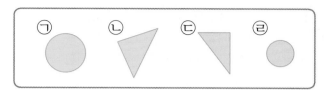

13 ▲ 모양을 모두 찾아 기호를 쓰시오.

( )

14 ● 모양을 모두 찾아 기호를 쓰시오.

( )

15 ■ 모양에 대해 바르게 이야기한 사람은 누구인지 이름을 쓰시오.

진주: 뾰족한 부분이 네 군데입니다.
현철: 뾰족한 부분이 세 군데입니다.

( )

[16~17] 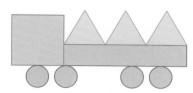 모양을 이용하여 꾸민 모양입니다. 물음에 답하시오.

16 ■, ▲, ● 모양을 각각 몇 개씩 이용했는지 세어 보시오. [6점]

■ 모양 ( )개
▲ 모양 ( )개
● 모양 ( )개

중요
17 가장 많이 이용한 모양에 ○표 하시오. [6점]

( ) ( ) ( )

서술형·논술형 문제
18 시각을 시계에 나타내고 그 시각에 하고 싶은 일을 써 보시오. [8점]

아침 8시 30분

_____

서술형·논술형 문제
19 다음 시계가 나타내는 시각은 몇 시인지 풀이 과정을 완성하고 답을 구하시오. [10점]

- 시계의 짧은바늘이 5를 가리킵니다.
- 시계의 짧은바늘과 긴바늘이 가리키는 수의 합은 17입니다.

풀이 긴바늘이 가리키는 수는

☐ − ☐ = ☐ 입니다.

따라서 짧은바늘이 ☐, 긴바늘이

☐ 을/를 가리키므로 시계는

☐ 시를 나타냅니다.

답 _____ 시

서술형·논술형 문제
20 서우와 진하가 꾸민 모양입니다. 서우가 이용한 ▲ 모양은 진하가 이용한 ▲ 모양보다 몇 개 더 많은지 풀이 과정을 완성하고 답을 구하시오. [10점]

서우  진하

풀이 서우가 이용한 ▲ 모양은 ☐ 개이고,

진하가 이용한 ▲ 모양은 ☐ 개입니다.

따라서 서우가 이용한 ▲ 모양은 진하가 이용한 ▲ 모양보다 ☐ − ☐ = ☐ (개) 더 많습니다.

답 _____ 개

* 배점이 표시되어 있지 않은 문제는 문제당 **4점**입니다.

1 시각을 써 보시오.

(   )시

중요
2 짧은바늘이 7을 가리키고 긴바늘이 12를 가리킬 때의 시각은 몇 시입니까? ⋯⋯⋯ (   )

① 2시   ② 5시
③ 7시   ④ 9시
⑤ 12시

[3~4] 여러 가지 물건을 보고 물음에 답하시오.

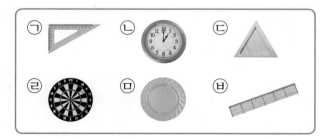

3 ▲ 모양의 물건을 모두 찾아 기호를 쓰시오.

(   )

4 ● 모양의 물건은 모두 몇 개입니까?

(   )개

5 시각을 바르게 읽었으면 ○표, 아니면 ×표 하시오.

   여섯 시 삼십분

(   )

6 그림과 같이 본뜬 모양과 같은 모양에 ○표 하시오.

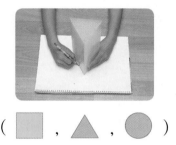

(▢ , ▲ , ●)

7 3시 30분을 나타낸 시계에 ○표 하시오.

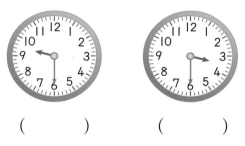

(   )   (   )

8 설명에 맞는 모양의 물건을 찾아 ○표 하시오.

뾰족한 부분이 **4**군데 있습니다.

(   )   (   )   (   )

9 시각이 다른 하나에 △표 하시오.

(   )   (   )   (   )

10 컵을 종이 위에 올려 놓고 본뜬 모양은 어느 것인지 ○표 하시오.

(   ) (   ) (   )

11 같은 시각끼리 이어 보시오.

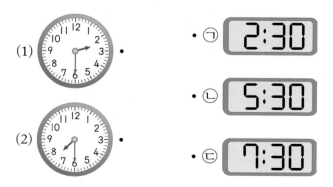

12 다음 모양들을 같은 모양끼리 모으려고 합니다. 빈 곳에 알맞은 기호를 써넣으시오.

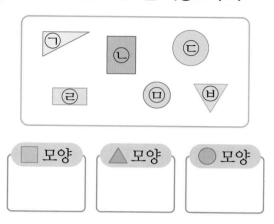

중요

13 오늘 야구 경기는 5시에 시작해서 10시 30분에 끝났습니다. 야구 경기를 시작한 시각과 끝난 시각을 시계에 각각 나타내시오.

시작한 시각   끝난 시각

14 모양이 같은 것끼리 상자에 넣으려고 합니다. 왼쪽 상자에 넣어야 할 블록에 ○표 하시오.

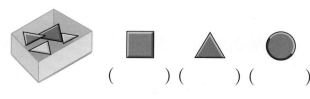

(   ) (   ) (   )

15 다음 물건에 물감을 묻혀 찍기를 할 때 나올 수 있는 모양에 모두 ○표 하시오. [6점]

(1)
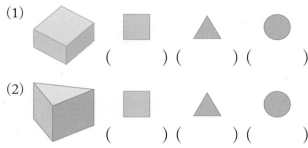
(   ) (   ) (   )

(2)
(   ) (   ) (   )

16 오른쪽과 같이 시계를 거꾸로 매달았습니다. 이 시계의 시각을 써 보시오. [6점]

(   )시 (   )분

17 해인이가 꾸민 집 모양입니다. ☐ 안에 ▨, ▲, ● 중에서 알맞은 모양을 그려 넣으시오. [6점]

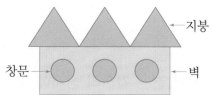

지붕은 ☐ 모양, 벽은 ☐ 모양, 창문은 ☐ 모양으로 꾸민 것입니다.

18 진호, 지선, 민준이가 오늘 아침에 공원에 도착한 시각입니다. 공원에 일찍 도착한 사람부터 차례로 이름을 쓰시오. [8점]

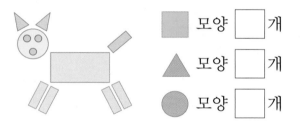

진호   지선   민준

(   )

19 색종이를 오려 만든 모양입니다. 각각의 모양을 몇 개씩 이용하였는지 세어 보시오. [8점]

▨ 모양 ☐ 개

▲ 모양 ☐ 개

● 모양 ☐ 개

서술형·논술형 문제

20 배를 꾸미는 데 가장 많이 이용한 모양은 무엇인지 풀이 과정을 완성하고 답을 구하시오. [10점]

풀이 배는 ▨ 모양 ☐ 개, ▲ 모양 ☐ 개, ● 모양 ☐ 개로 꾸몄습니다.

따라서 배를 꾸미는 데 가장 많이 이용한 모양은 ☐ 모양입니다.

답 ☐ 모양

서술형·논술형 문제

1 지혜가 이야기한 것입니다. **틀린** 부분을 찾아 바르게 고치시오. [6점]

▨ 모양은 뾰족한 부분이 없어.

지혜

바르게 고치기

_____

_____

_____

_____

2 미애, 성수, 지희가 오늘 아침에 일어난 시각입니다. 가장 먼저 일어난 사람은 누구인지 풀이 과정을 쓰고 답을 구하시오. [8점]

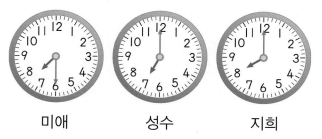

미애　　　　성수　　　　지희

풀이

_____

_____

_____

_____

답

_____

[3~4] 성재와 재석이의 대화를 읽고 물음에 답하시오.

3 재석이가 ㉠처럼 말한 이유를 쓰시오. [8점]

이유

_____

_____

_____

_____

4 ㉡에 알맞은 모양을 찾아 ◯표 하고, '뾰족'이라는 말을 이용하여 이유를 쓰시오. [10점]

모양

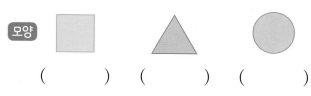

(　　) (　　) (　　)

이유

_____

_____

4. 덧셈과 뺄셈(2)

수학 | 82 ~ 105쪽, 수학 익힘 | 49 ~ 66쪽

☀ 이어 세기로 덧셈하기

예 $8+4$

$$8 \quad 9 \quad 10 \quad 11 \quad 12$$

➡ $8+4=12$

☀ 덧셈하기(1)

$$9+5=14$$
$$\quad\quad 1 \quad 4$$

① 5를 1과 4로 가르기 합니다.
② 9와 1을 더하여 10을 먼저 만듭니다.
③ 10과 4를 더하면 14입니다.

☀ 덧셈하기(2)

$$3+8=11$$
$$1 \quad 2$$

① 3을 1과 2로 가르기 합니다.
② 8과 2을 더하여 10을 먼저 만듭니다.
③ 10과 1을 더하면 11입니다.

☀ 여러 가지 덧셈 알아보기

$$7+4=11$$
$$7+5=12$$
$$7+6=13$$
$$7+7=14$$

더하여지는 수는 같습니다.
더하는 수는 1씩 커집니다.

규칙
1씩 커지는 수를 더하면 합도 1씩 커집니다.

$$7+4=11$$
$$4+7=11$$

➡ 두 수를 바꾸어 더해도 합은 같습니다.

☀ 거꾸로 세기로 뺄셈하기

예 $12-8$

$$4 \quad 5 \quad 6 \quad 7 \quad 8 \quad 9 \quad 10 \quad 11 \quad 12$$

➡ $12-8=4$

☀ 뺄셈하기(1)

$$13-4=9$$
$$\quad\quad 3 \quad 1$$

① 4를 3과 1로 가르기 합니다.
② 13에서 3을 빼서 10이 되게 만듭니다.
② 10에서 1을 빼면 9입니다.

☀ 뺄셈하기(2)

$$12-7=5$$
$$10 \quad 2$$

① 12를 10과 2로 가르기 합니다.
② 10에서 7을 빼면 3입니다.
③ 3과 남은 2를 더하면 5입니다.

☀ 여러 가지 뺄셈 알아보기

$$11-6=5$$
$$12-6=6$$
$$13-6=7$$
$$14-6=8$$

빼어지는 수는 1씩 커집니다.
빼는 수는 같습니다.

규칙
빼어지는 수가 1씩 커지면 차도 1씩 커집니다.

쪽지시험

정답 ➡ 꼼꼼 풀이집 22쪽

1 그림을 보고 ☐ 안에 알맞은 수를 써넣으시오.

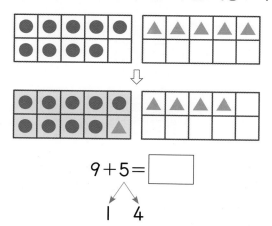

$$9+5=\boxed{}$$

     ↙ ↘

   1   4

2 ☐ 안에 알맞은 수를 써넣으시오.

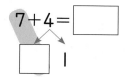

$$7+4=\boxed{}$$

☐ 1

3 ☐ 안에 알맞은 수를 써넣으시오.

$$6+6=\boxed{}$$

2 ☐

4 계산을 하시오.

(1) $8+8$ (2) $3+9$

5 빈칸에 알맞은 수를 써넣으시오.

6+5	6+6	6+7	6+8	6+9
	12	13		15
7+5	7+6	7+7	7+8	7+9
12	13		15	

6 그림을 보고 ☐ 안에 알맞은 수를 써넣으시오.

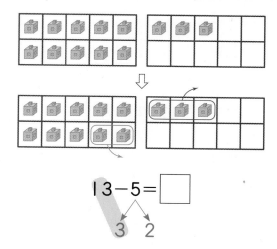

$$13-5=\boxed{}$$

    3 2

7 그림을 보고 ☐ 안에 알맞은 수를 써넣으시오.

$$11-3=\boxed{}$$

8 ☐ 안에 알맞은 수를 써넣으시오.

$$17-8=\boxed{}$$

7 ☐

9 계산을 하시오.

(1) $13-7$ (2) $12-4$

10 빈칸에 알맞은 수를 써넣으시오.

11-5	11-6	11-7	11-8	11-9
6		4		2
12-5	12-6	12-7	12-8	12-9
	6	5	4	

수학 **단원평가** ①회

* 배점이 표시되어 있지 않은 문제는 문제당 4점입니다.

[1~4] 그림을 보고 □ 안에 알맞은 수를 써넣으시오.

1

$3+9=\boxed{}$

2 1

2

$7+8=\boxed{}$

5 2 5 3

3

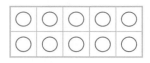

$14-6=\boxed{}$

4

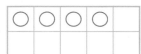

$9+6=9+\boxed{}+5$

$=\boxed{}+5$

$=\boxed{}$

5 □ 안에 알맞은 수를 써넣으시오.

(1)
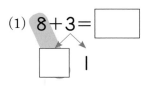

$8+3=\boxed{}$

□ 1

(2)

$3+8=\boxed{}$

□ 2

6 □ 안에 알맞은 수를 써넣으시오.

$11-2=\boxed{}$

10 □

7 빈칸에 알맞은 수를 써넣으시오.

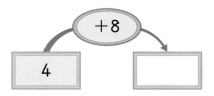

+8

4 → □

8 차를 찾아 알맞게 이으시오.

| 16−8 | • | | • | 9 |

| 18−9 | • | | • | 8 |

9 합이 나머지와 <u>다른</u> 것은 어느 것입니까?
......................................( )

① 4+7　　② 5+6
③ 6+5　　④ 7+4
⑤ 8+2

중요
10 계산 결과의 크기를 비교하여 ○ 안에 >, =, <를 알맞게 써넣으시오.

| 13−9 | | 17−8 |

11 가장 큰 수와 가장 작은 수의 차를 구하시오.

| 3　　5　　9　　12 |

( )

12 덧셈을 하시오.

(1) 9+5 = ☐

(2) 4+7 = ☐

(3) 6+8 = ☐

13 13−6을 바르게 계산한 사람은 누구입니까?

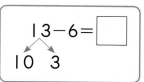

영규: 10에서 6을 빼면 4이고, 남은 4에서 3을 빼면 1입니다.
미선: 10에서 6을 빼면 4이고, 남은 4와 3을 더하면 7입니다.

( )

14 경희는 초콜릿 16개 중 9개를 먹었습니다. 경희가 먹고 남은 초콜릿은 몇 개입니까?

( )개

서술형·논술형 문제

15 종현이가 방학 동안 읽은 책의 수입니다. 종현이가 방학 동안 읽은 책은 모두 몇 권인지 식을 쓰고 답을 구하시오. [6점]

동화책	위인전
8권	6권

식 _____

답 _____ 권

16 뺄셈을 하시오. [6점]

(1) $12-8=$ ☐

(2) $13-7=$ ☐

(3) $16-8=$ ☐

서술형·논술형 문제

17 솜사탕이 15개 있습니다. 그중에서 8개를 친구들에게 나누어 주었다면 남은 솜사탕은 몇 개인지 식을 쓰고 답을 구하시오. [6점]

식 _____

답 _____ 개

중요

18 옆으로 뺄셈식이 되는 세 수를 모두 찾아 ☐$-$☐$=$☐ 표 해 보시오. [8점]

17 $-$ 9 $=$ 8			2	5
4	6	12	5	7
10	11	3	8	9
15	8	7	4	2

19 ☐ 안에 알맞은 수를 써넣으시오. [8점]

$$8+5=6+☐$$

서술형·논술형 문제

20 진주와 원호가 과녁 맞히기 놀이를 하여 얻은 점수입니다. 진주와 원호 중 누구의 점수가 더 높은지 풀이 과정을 완성하고 답을 구하시오. [10점]

	1회	2회
진주	6점	9점
원호	7점	7점

풀이 진주가 얻은 점수는 $6+9=$ ☐ (점),

원호가 얻은 점수는 $7+7=$ ☐ (점)입니다.

따라서 ☐ 의 점수가 더 높습니다.

답 _____

점수

정답 ○ 꼼꼼 풀이집 23쪽

* 배점이 표시되어 있지 않은 문제는 문제당 4점입니다.

1 그림을 보고 빈칸에 알맞은 수를 써넣으시오.

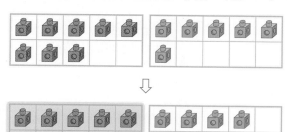

8   6

□

[2~3] 그림을 보고 □ 안에 알맞은 수를 써넣으시오.

2

$7+4=$ □

3

$12-8=$ □

4 계산한 결과가 더 큰 것에 ○표 하시오.

$9+3$	$5+8$
( )	( )

5 □ 안에 알맞은 수를 써넣으시오.

(1) $14-9=$ □

10 □

(2) $16-7=$ □

10 □

6 □ 안에 알맞은 수를 써넣으시오.

$5+7=$ □

2 □

7 •보기•와 같이 계산하시오.

┌ 보기 ┐
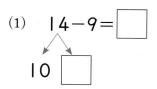
$$9+3=10+2=12$$
1   2

$8+6$

8 차를 찾아 알맞게 이어 보시오.

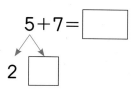   6

| $11-2$ | • |

| $15-9$ | • |

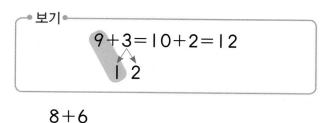 8

 9

9 덧셈을 하시오.

$9+4=$ ☐ 13
$9+5=$ ☐
$9+6=$ ☐
$9+7=$ ☐

10 뺄셈을 하시오.

$17-9=$ ☐ 8
$16-8=$ ☐
$15-7=$ ☐
$14-6=$ ☐

11 ☐ 안에 알맞은 수를 써넣으시오.

14
↓
-5
↓
☐

12 계산을 하고 $7+5$와 합이 같은 덧셈식을 찾아 ○표 하시오.

$8+5=$ ☐   (   )
$9+4=$ ☐   (   )
$6+6=$ ☐   (   )

13 계산 결과의 크기를 비교하여 ○ 안에 $>$, $=$, $<$를 알맞게 써넣으시오.

$4+8$ ○ $15-6$

중요
서술형·논술형 문제

14 놀이터에서 12명이 술래잡기를 하고 있습니다. 잠시 후 4명이 집으로 갔습니다. 놀이터에 몇 명이 남아 있는지 식을 쓰고 답을 구하시오. [6점]

식 _____

답 _____ 명

15
수진이네 집에 귤이 8개, 감이 5개 있습니다. 수진이네 집에 있는 귤과 감은 모두 몇 개인지 식을 쓰고 답을 구하시오. [6점]

식 _____

답 _____ 개

16 두 수의 차를 구하여 표를 완성하시오.

−	12	13	14	15	16
7	5	6			9
8	4		6		
9		4			

17 경주가 색연필 한 타 중에서 5자루를 동생에게 주었습니다. 경주와 동생 중 누구에게 색연필이 더 많습니까? [6점]

▲ 색연필 한 타(12자루)

(_____)

18 진경, 민호, 윤주가 가지고 있는 구슬의 수입니다. 구슬을 가장 많이 가지고 있는 사람은 누구입니까? [8점]

	유리구슬	쇠구슬
진경	9개	3개
민호	6개	5개
윤주	7개	8개

(_____)

19
두 뺄셈의 계산 결과가 같도록 ★에 알맞은 수를 구하는 풀이 과정을 완성하고 답을 구하시오. [8점]

| $11-5$ | | $★-9$ |

풀이 $11-5=\boxed{}$ 이므로 $★-9=\boxed{}$ 입니다. 따라서 $★-9=\boxed{}$

➡ $\boxed{}+9=★$, $★=\boxed{}$ 입니다.

답 _____

20 수 카드 5장 중 2장을 골라 한 번씩 사용하여 합이 가장 큰 덧셈을 만들어 계산하시오. [10점]

| 1 | 9 | 2 | 6 | 7 |

$\boxed{}+\boxed{}=\boxed{}$

* 배점이 표시되어 있지 않은 문제는 문제당 4점입니다.

[1~2] 그림을 보고 □ 안에 알맞은 수를 써넣으시오.

1

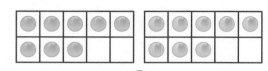

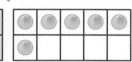

$8 + 8 =$ □

□ 6

2

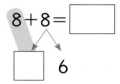

$14 - 7 =$ □

□ 3

3 그림을 보고 □ 안에 알맞은 수를 써넣으시오.

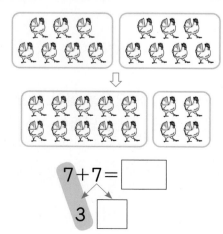

$7 + 7 =$ □

3 □

4 □ 안에 알맞은 수를 써넣으시오.

(1) $5 + 6 =$ □

□ 4

(2) $9 + 5 =$ □

□ 1

5 □ 안에 알맞은 수를 써넣으시오.

(1) $14 - 8 =$ □

4 □

(2) $17 - 9 =$ □

10 □

6 계산을 하시오.

(1) $7 + 5$

(2) $6 + 9$

7 뺄셈을 하시오.

(1) $11-6=\boxed{}$

(2) $14-8=\boxed{}$

8 빈칸에 알맞은 수를 써넣으시오.

15 $\xrightarrow{-7}$ $\boxed{}$ $\xrightarrow{+9}$ $\boxed{}$

9 계산 결과가 가장 큰 것은 어느 것입니까?

ㅡㅡㅡㅡㅡㅡㅡㅡㅡㅡㅡㅡㅡㅡㅡ (　　)

① $11-6$ 　　② $18-9$

③ $17-9$ 　　④ $12-8$

⑤ $13-7$

중요

10 계산 결과가 같은 것을 모두 찾아 기호를 쓰시오.

㉠ $9+7$	㉡ $15-8$
㉢ $6+8$	㉣ $16-7$
㉤ $13-7$	㉥ $8+8$

(　　)

[11~12] 상혁이네 모둠 학생들이 받은 붙임딱지의 수입니다. 물음에 답하시오.

상혁	가은	영아
9장	17장	8장

11 상혁이와 영아가 받은 붙임딱지는 모두 몇 장입니까?

(　　)장

12 가은이가 받은 붙임딱지는 상혁이가 받은 붙임딱지보다 몇 장 더 많습니까?

(　　)장

 서술형·논술형 문제

13 놀이터에서 놀고 있는 남자 어린이는 6명, 여자 어린이는 8명입니다. 놀이터에서 놀고 있는 어린이는 모두 몇 명인지 식을 쓰고 답을 구하시오. [6점]

식 ㅡㅡㅡㅡㅡㅡㅡㅡㅡㅡㅡㅡㅡ

답 ㅡㅡㅡㅡㅡㅡㅡㅡㅡㅡㅡ 명

14 16층짜리 아파트를 짓는 회사가 있습니다. 지금까지 8층을 지었습니다. 앞으로 몇 층을 더 지어야 합니까?

(　　)층

중요
15 합이 13인 덧셈을 모두 찾아 ○표 하시오.
[6점]

5+8   8+3   9+4   6+5

(   )(   )(   )(   )

16 □ 안에 알맞은 수를 써넣으시오. [6점]

$$8+4=5+\boxed{}$$

서술형·논술형 문제
17 자음자와 모음자가 '달팽이'에는 8개, '우주선'에는 7개 있습니다. '달팽이'와 '우주선'에는 자음자와 모음자가 모두 몇 개 있는지 식을 쓰고 답을 구하시오. [6점]

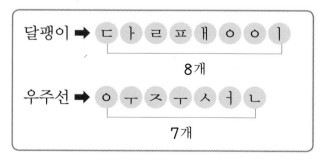

달팽이 ➡ ㄷ ㅏ ㄹ ㅍ ㅐ ㅇ ㅇ ㅣ
8개
우주선 ➡ ㅇ ㅜ ㅈ ㅜ ㅅ ㅓ ㄴ
7개

식

답 _____ 개

18 옆으로 뺄셈식이 되는 세 수를 모두 찾아
□−□=□ 표 해 보시오. [8점]

6	12 − 7 = 5	4
14	8	6	11	2
16	7	17	9	8
4	13	5	8	1
11	4	7	3	10

19 형은 연필 12자루를 사서 동생에게 5자루를 주었습니다. 형과 동생 중 연필이 더 많은 사람은 누구입니까? [8점]

(   )

서술형·논술형 문제
20 연우와 지수가 과녁 맞히기 놀이를 하여 얻은 점수입니다. 연우와 지수 중 누구의 점수가 더 높은지 풀이 과정을 완성하고 답을 구하시오.
[8점]

	1회	2회
연우	7점	8점
지수	9점	4점

풀이 연우가 얻은 점수는 7+8=□(점),

지수가 얻은 점수는 9+4=□(점)입니다.

따라서 □의 점수가 더 높습니다.

답

서술형 · 논술형 문제

1 호영이가 말하는 수보다 4만큼 더 작은 수는 얼마인지 풀이 과정을 쓰고 답을 구하시오. [8점]

10개씩 묶음 1개와 낱개 2개인 수.

호영

풀이

답

2 현우는 반딧불이를 7마리 보았고 어머니는 5마리, 아버지는 8마리를 보았습니다. 반딧불이를 가장 적게 본 사람과 가장 많이 본 사람은 모두 몇 마리를 보았는지 풀이 과정을 쓰고 답을 구하시오. [8점]

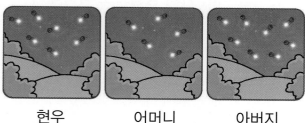

현우　　어머니　　아버지

풀이

답 _____마리

3 같은 과자를 먹고 있는 연아, 지호, 유빈이의 대화를 읽고 물음에 답하시오. [총 24점]

과자 15개 중에서 7개를 먹었어.

지호

과자 14개 중에서 8개를 먹었어.

과자 16개 중에서 9개를 먹었어.

연아　　　　　　유빈

누구의 과자가 가장 많이 남았을까?

(1) 연아가 먹고 남은 과자는 몇 개인지 식을 쓰고 답을 구하시오. [6점]

식

답 _____개

(2) 지호가 먹고 남은 과자는 몇 개인지 식을 쓰고 답을 구하시오. [6점]

식

답 _____개

(3) 유빈이가 먹고 남은 과자는 몇 개인지 식을 쓰고 답을 구하시오. [6점]

식

답 _____개

(4) 연아, 지호, 유빈 중에서 누구의 과자가 가장 많이 남았습니까? [6점]

(_____)

5. 규칙 찾기

✸ 규칙에 따라 알맞은 색으로 칠하기

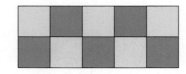

노란색과 초록색이 반복됩니다.

✸ 규칙에 따라 무늬 꾸미기

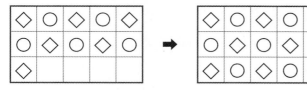

• ◇, ○가 반복되는 규칙입니다.
• ◇ 다음에는 ○를 그려 넣고, ○ 다음에는 ◇를 그려 넣습니다.

✸ 수 배열에서 규칙 찾기

(1) 수가 반복되는 규칙

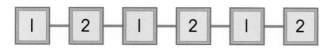

규칙 1과 2가 반복됩니다.

(2) 수가 커지는 규칙

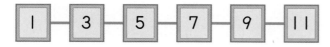

규칙 1부터 시작하여 2씩 커집니다.

(3) 수가 작아지는 규칙

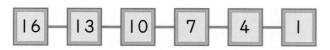

규칙 16부터 시작하여 3씩 작아집니다.

✸ 수 배열표에서 규칙 찾기

									+1
1	2	3	4	5	6	7	8	9	10
11	12	13	14	15	16	17	18	19	20
21	22	23	24	25	26	27	28	29	30
31	32	33	34	35	36	37	38	39	40
41	42	43	44	45	46	47	48	49	50
51	52	53	54	55	56	57	58	59	60
61	62	63	64	65	66	67	68	69	70
71	72	73	74	75	76	77	78	79	80
81	82	83	84	85	86	87	88	89	90
91	92	93	94	95	95	97	98	99	100

+10

① ⇨ 방향으로 같은 줄에 있는 수는 오른쪽으로 한 칸 갈 때마다 1씩 커집니다.
② ⇩ 방향으로 같은 줄에 있는 수는 아래쪽으로 한 칸 갈 때마다 10씩 커집니다.

✸ 규칙을 여러 가지 방법으로 나타내기

(1) 규칙에 따라 그림으로 나타내기

🐰	🐰	🦆	🦆	🐰	🐰	🦆	🦆
△	△	○	○	△	△	○	○

• 토끼, 토끼, 오리, 오리가 반복됩니다.
• 토끼는 △, 오리는 ○로 나타냈습니다.

(2) 규칙에 따라 수로 나타내기

✊	☝	✊	☝	✊	☝	✊	☝
0	2	0	2	0	2	0	2

보는 0, 가위는 2로 나타냈습니다.

1 규칙을 찾아 ○표 하시오.

규칙 (🍑 🍑 🍎 , 🍑 🍎 🍎)가
반복됩니다.

[2~3] 규칙에 따라 셋째 줄에 색칠하시오.

2

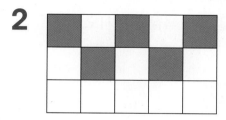

3

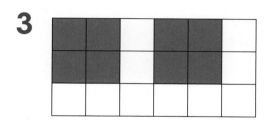

[4~6] 규칙에 따라 빈칸에 알맞은 수를 써넣으시오.

4

| 4 | 7 | 4 | 7 | 4 | |

5

| 10 | 20 | 30 | 40 | 50 | |

6

| 21 | 17 | 13 | 9 | 5 | |

7 어떤 규칙에 따라 색칠했는지 □ 안에 알맞은 수를 써넣으시오.

41	42	43	44	45	46	47	48	49	50
51	52	53	54	55	56	57	58	59	60
61	62	63	64	65	66	67	68	69	70

규칙 41부터 시작하여 □씩 커지는 수
에 색칠하였습니다.

8 수 배열표에서 ---- 와 ---- 에 있는 수들은 각각 몇씩 커집니까?

1	2	3	4	5	6	7	8	9	10
11	12	13	14	15	16	17	18	19	20
21	22	23	24	25	26	27	28	29	30
31	32	33	34	35	36	37	38	39	40

---- ( )씩
---- ( )씩

9 규칙에 따라 빈칸에 알맞은 모양을 그려 넣으시오.

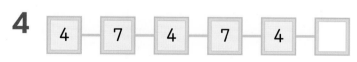

| □ | △ | □ | △ | □ | △ | | |

10 규칙에 따라 빈칸에 알맞은 수를 써넣으시오.

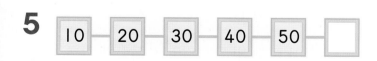

| 1 | 2 | 1 | 2 | 1 | 2 | | |

* 배점이 표시되어 있지 않은 문제는 문제당 **4점**입니다.

1 반복되는 부분을 찾아 ○로 묶어 보시오.

2 규칙에 따라 빈칸에 알맞은 모양을 그려 보시오.

| ★ | ♥ | ★ | ♥ | ★ | ♥ | ★ | |

3 규칙에 따라 빈칸에 알맞은 수를 써넣으시오.

3 — 5 — 3 — 5 — 3 — □

4 규칙에 따라 빈칸에 알맞은 모양을 그려 넣으시오.

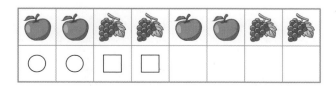

5 규칙에 따라 빈칸에 알맞은 수를 써넣으시오.

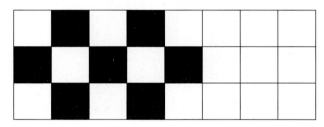

| 2 | 5 | 2 | 5 | 2 | 5 | | |

6 규칙에 따라 알맞게 색칠해 보시오.

7 •규칙•에 따라 빈칸에 알맞은 수를 써넣으시오.

┌─ 규칙 ─┐
10부터 시작하여 7씩 커집니다.

10 — □ — □ — □ — □ — □

8 규칙에 따라 빈칸에 알맞은 곤충의 이름을 쓰시오.

나비 → 잠자리 →

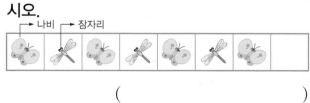

( )

9 규칙에 따라 빈칸에 알맞은 모양을 그리고 색칠해 보시오.

| ● | ◆ | ● | ◆ | | | |
| ◆ | ● | ◆ | ● | | | |

10 색칠한 규칙에 따라 나머지 부분에 색칠하시오.

1	2	3	4	5	6	7	8	9	10
11	12	13	14	15	16	17	18	19	20
21	22	23	24	25	26	27	28	29	30
31	32	33	34	35	36	37	38	39	40

11 규칙을 알맞게 말한 사람은 누구입니까?

모자, 신발, 가방이 반복돼.

모자, 가방, 신발이 반복돼.

현철   연수

(   )

12 •보기•를 이용하여 규칙에 따라 무늬를 꾸며 보시오.

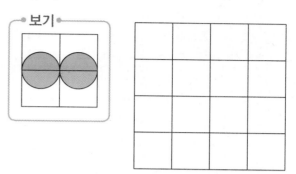

┌─보기─┐

13 다음과 같은 •규칙•에 따라 수를 쓸 때 ㉠에 알맞은 수를 구하시오.

┌─규칙─
│ 4씩 커집니다.

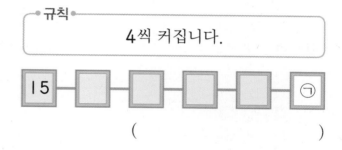

15 □ □ □ □ ㉠

(   )

서술형·논술형 문제

14 규칙을 찾아 써 보시오. [6점]

✏	▱	✏	▱	✏	▱	✏	▱

✏ : 연필   ▱ : 지우개

규칙 _____

_____

_____

_____

15 규칙에 따라 빈칸에 주사위를 그리고 수를 써 넣으시오.

(1점)	(5점)		(5점)	
I	5	I		5

16 규칙을 알맞게 말한 사람은 누구입니까? [6점]

검은색 바둑돌과 흰색 바둑돌이 한 개씩 반복돼.

검은색 바둑돌 한 개와 흰색 바둑돌 두 개가 반복돼.

미라   진호

(   )

서술형·논술형 문제

17 진주의 사물함에는 ★ 모양의 붙임딱지가 붙여져 있습니다. 진주의 사물함 번호는 몇 번인지 풀이 과정을 완성하고 답을 구하시오. [8점]

I	2	3	4	5	6	7	8
9	10	11					
17	18			★			

풀이 오른쪽으로 한 칸 갈 때마다 ☐ 씩 커지는 규칙이므로 18-☐-☐-☐ 입니다. 따라서 진주의 사물함 번호는 ☐ 번입니다.

답 _____ 번

18 규칙에 따라 ㉠과 ㉡에 알맞은 수를 각각 구하시오. [6점]

20	21	22		24	25	
27		29	30			33
			37			㉠
	42			㉡		

㉠ (   )
㉡ (   )

19 규칙에 따라 빈칸에 들어갈 모양과 같은 모양의 물건을 찾아 기호를 쓰시오. [8점]

○	○	□	○	○	□	○	○

㉠   ㉡   ㉢
(삼각형)   (500원 동전)   (공책)

(   )

서술형·논술형 문제

20 규칙에 따라 빈칸에 들어갈 펼친 손가락은 모두 몇 개인지 풀이 과정을 완성하고 답을 구하시오. [10점]

풀이 펼친 손가락 ☐ 개-☐ 개-☐ 개가 반복되는 규칙이므로 빈칸에는 차례로 펼친 손가락 ☐ 개, ☐ 개 그림이 들어갑니다. 따라서 빈칸에 들어갈 펼친 손가락은 모두 ☐ 개입니다.

답 _____ 개

* 배점이 표시되어 있지 않은 문제는 문제당 4점입니다.

1 규칙에 따라 그림을 그리시오.

(1)

(2)

2 수영이가 규칙에 따라 공을 늘어놓았습니다. □ 안에는 축구공과 농구공 중에서 무엇이 들어가야 합니까?

축구공 농구공

( )

3 규칙에 따라 몸으로 표현한 것입니다. □ 안에 알맞은 동작에 ○표 하시오.

( )   ( )

4 규칙에 따라 빈칸에 알맞은 모양을 그려 보시오.

5 규칙에 따라 빈칸에 알맞은 수를 써넣으시오.

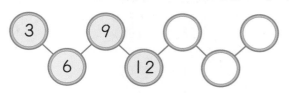

6 규칙에 따라 알맞게 색칠해 보시오.

7 규칙에 따라 빈칸에 알맞은 수를 써넣으시오.

| 2 | 2 | 4 | 2 | 2 | | 2 | |

중요

8 규칙에 따라 △와 □를 이용하여 나타내려고 합니다. □가 들어갈 곳을 모두 찾아 기호를 쓰시오.

| △ | △ | □ | □ | ㉠ | ㉡ | ㉢ | ㉣ |

( )

수학 • **131**

9 •규칙•에 따라 무늬를 완성하시오.

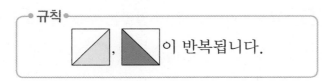

┌─ •규칙• ─────────────────────────┐
│ □, ◪ 이 반복됩니다.   │
└──────────────────────────────┘

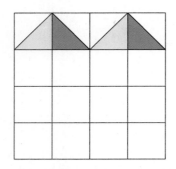

중요
10 규칙에 따라 빈칸에 알맞은 수를 써넣으시오.

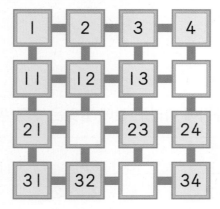

11 41부터 시작하여 8씩 커지는 수를 색칠하시오.

41	42	43	44	45	46	47	48	49	50
51	52	53	54	55	56	57	58	59	60
61	62	63	64	65	66	67	68	69	70
71	72	73	74	75	76	77	78	79	80

[12~13] 수 배열표를 보고 물음에 답하시오.

1	2	3	4	5	6	7	8	9	10
11	12	13	14	15	16	17	18	19	20
21	22	23	24	25	26	27	28	29	30
31	32	33	34	35	36	37	38	39	40
41	42	43	44	45	46	47	48	49	50

12 색칠한 수에는 어떤 규칙이 있는지 쓰시오.

[6점]

규칙 _____

_____

13 색칠한 규칙에 따라 30보다 큰 수가 있는 부분에 색칠하시오.

14 색칠한 수들의 규칙을 쓰시오. [6점]

31	32	33	34	35	36	37	38	39	40
41	42	43	44	45	46	47	48	49	50
51	52	53	54	55	56	57	58	59	60

규칙 31부터 시작하여

┌────────────────────┐
│   │ 규칙입니다.
└────────────────────┘

15 규칙에 따라 빈칸에 알맞은 수를 써넣으려고 합니다. ㉠과 ㉡ 중 더 큰 수가 들어가는 곳을 찾아 기호를 쓰시오. [6점]

30 — 34 — 38 — 42 — 46 — ㉠

16 — 23 — 30 — 37 — 44 — ㉡

( )

16 규칙에 따라 빈칸에 색종이를 놓으면 빨간색 색종이는 모두 몇 장이 되는지 풀이 과정을 완성하고 답을 구하시오. [8점]

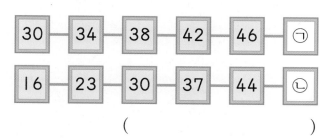

파란색 → 빨간색 → 빨간색

풀이 ☐색 — ☐색 — ☐

색이 반복되는 규칙이므로 빈칸에는 차례

대로 ☐색, ☐색, ☐색

색종이가 놓입니다.

따라서 빨간색 색종이는 모두 ☐장이 됩니다.

답 _____ 장

[17~19] 수 배열표를 보고 물음에 답하시오.

51	52	53	54	55	56	57	58	59	60
61	62			65			68	69	
	72		74				㉠		80
	82	83			86				
	92			95					

17 노란색으로 색칠한 수들은 오른쪽으로 한 칸 갈 때마다 몇씩 커지는 규칙입니까?

( )

18 파란색으로 색칠한 수들은 아래쪽으로 한 칸 갈 때마다 몇씩 커지는 규칙입니까?

( )

19 ㉠에 알맞은 수는 무엇입니까? [8점]

( )

20 색칠한 수들의 규칙을 쓰시오. [10점]

11	12	13	14	15	16	17	18	19	20
21	22	23	24	25	26	27	28	29	30
31	32	33	34	35	36	37	38	39	40

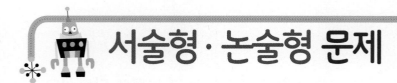
서술형·논술형 문제

1 수 배열에서 규칙을 찾아 써 보시오. [6점]

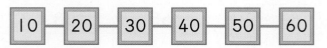

| 10 | 20 | 30 | 40 | 50 | 60 |

규칙

2 내가 정한 규칙에 따라 수를 써넣고 어떤 규칙인지 써 보시오. [6점]

규칙

3 수 배열표에서 색칠한 수들의 규칙을 찾아 써 보시오. [6점]

51	52	53	54	55	56	57	58	59	60
61	62	63	64	65	66	67	68	69	70
71	72	73	74	75	76	77	78	79	80

규칙

4 규칙에 따라 시곗바늘을 그리고 규칙을 쓰시오. [10점]

5 규칙에 따라 ☆ 모양을 색칠하고 있습니다. 열째 ☆ 모양에 칠해야 하는 색깔은 무엇인지 풀이 과정을 쓰고 답을 구하시오. [10점]

노란색 ← ┌→ 파란색 ┌→ 빨간색

| ★ | ★ | ★ | ★ | ★ | ★ | ★ | …… |

첫째 둘째

풀이

답

6. 덧셈과 뺄셈(3)

☀ (몇십몇)+(몇)

· 23+4의 계산

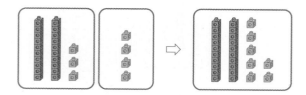

➡ 10개씩 묶음이 2개, 낱개가 3+4=7(개)
이므로 27입니다.

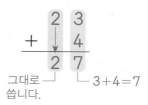

그대로 └─ 3+4=7
씁니다.

☀ (몇십)+(몇십)

· 30+50의 계산

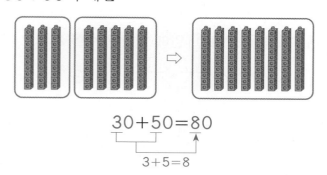

$$30+50=80$$

3+5=8

☀ (몇십몇)+(몇십몇)

· 25+54의 계산

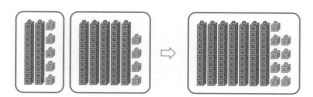

➡ 10개씩 묶음이 2+5=7(개),
낱개가 5+4=9(개)이므로 79입니다.

낱개끼리 더하고
10개씩 묶음끼리
더합니다.

2+5=7 ┘ └─ 5+4=9

☀ (몇십몇)−(몇)

· 38−4의 계산

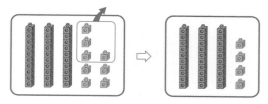

➡ 10개씩 묶음이 3개, 낱개가 8−4=4(개)
이므로 34입니다.

그대로 └─ 8−4=4
씁니다.

☀ (몇십)−(몇십)

· 60−40의 계산

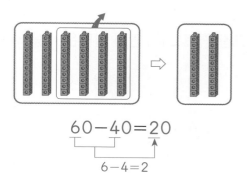

$$60-40=20$$

6−4=2

☀ (몇십몇)−(몇십몇)

· 46−23의 계산

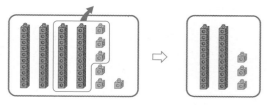

➡ 10개씩 묶음이 4−2=2(개),
낱개가 6−3=3(개)이므로 23입니다.

낱개끼리 빼고
10개씩 묶음끼리
뺍니다.

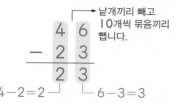

4−2=2 ┘ └─ 6−3=3

쪽지시험

정답 ➡ 꼼꼼 풀이집 28쪽

1 그림을 보고 ☐ 안에 알맞은 수를 써넣으시오.

$$
\begin{array}{r}
4\,2 \\
+\quad 5 \\
\hline
\end{array}
$$

2 그림을 보고 ☐ 안에 알맞은 수를 써넣으시오.

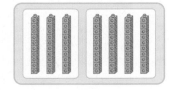

$$
\begin{array}{r}
3\,0 \\
+\,4\,0 \\
\hline
\end{array}
$$

3 그림을 보고 ☐ 안에 알맞은 수를 써넣으시오.

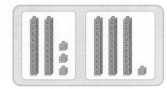

$$
\begin{array}{r}
2\,3 \\
+\,3\,1 \\
\hline
\end{array}
$$

4 계산을 하시오.

(1)
$$
\begin{array}{r}
2\,0 \\
+\quad 7 \\
\hline
\end{array}
$$

(2)
$$
\begin{array}{r}
4\,0 \\
+\,5\,0 \\
\hline
\end{array}
$$

5 계산을 하시오.

(1)
$$
\begin{array}{r}
1\,3 \\
+\,5\,6 \\
\hline
\end{array}
$$

(2)
$$
\begin{array}{r}
2\,4 \\
+\,2\,2 \\
\hline
\end{array}
$$

6 그림을 보고 ☐ 안에 알맞은 수를 써넣으시오.

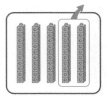

$$
\begin{array}{r}
5\,0 \\
-\,2\,0 \\
\hline
\end{array}
$$

7 그림을 보고 ☐ 안에 알맞은 수를 써넣으시오.

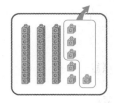

$$
\begin{array}{r}
3\,6 \\
-\quad 4 \\
\hline
\end{array}
$$

8 그림을 보고 ☐ 안에 알맞은 수를 써넣으시오.

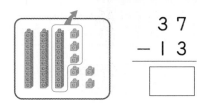

$$
\begin{array}{r}
3\,7 \\
-\,1\,3 \\
\hline
\end{array}
$$

9 계산을 하시오.

(1)
$$
\begin{array}{r}
5\,8 \\
-\quad 6 \\
\hline
\end{array}
$$

(2)
$$
\begin{array}{r}
4\,0 \\
-\,3\,0 \\
\hline
\end{array}
$$

10 계산을 하시오.

(1)
$$
\begin{array}{r}
3\,7 \\
-\,1\,2 \\
\hline
\end{array}
$$

(2)
$$
\begin{array}{r}
8\,9 \\
-\,2\,5 \\
\hline
\end{array}
$$

* 배점이 표시되어 있지 않은 문제는 문제당 **4점**입니다.

1 그림을 보고 □ 안에 알맞은 수를 써넣으시오.

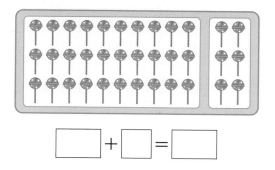

□ + □ = □

2 □ 안에 알맞은 수를 써넣으시오.

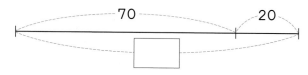

70　　20

3 계산을 하시오.

(1)　　4 3
　　+　 6

(2)　　5 0
　　+2 0

4 계산을 하시오.

(1)　　2 7
　　−　 2

(2)　　6 0
　　−2 0

5 덧셈을 하여 빈칸에 알맞은 수를 써넣으시오.

+	1	2	3
44			

6 빈칸에 알맞은 수를 써넣으시오.

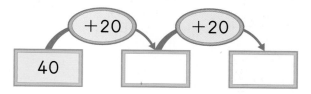

40

7 계산을 하시오.

(1) 73−40

(2) 89−57

수학 • **137**

8 두 수의 차를 구하시오.

(   )

9 □ 안에 알맞은 수를 써넣으시오.

52보다 26만큼 더 큰 수는 [   ] 입니다.

중요
10 계산 결과를 비교하여 ○ 안에 >, =, <를 알맞게 써넣으시오.

24+33 ◯ 75−21

중요
11 덧셈을 하여 빈칸에 알맞은 수를 써넣으시오.

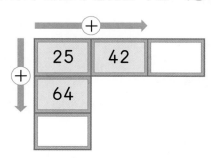

[12~13] 1분 동안 줄넘기를 넘은 횟수입니다. 물음에 답하시오.

엄마	아빠	수현
68회	47회	31회

12 엄마와 수현이의 줄넘기 횟수의 합은 몇 회입니까?

(   )회

13 엄마와 아빠의 줄넘기 횟수의 차는 몇 회입니까?

(   )회

서술형·논술형 문제
14 민호는 연필 12자루와 색연필 24자루가 들어 있는 문구 세트를 사 왔습니다. 사 온 연필과 색연필은 모두 몇 자루인지 식을 쓰고 답을 구하시오. [6점]

식 _____

답 _____ 자루

[15~16] 어느 시골 마을에 살고 있는 사람이 모두 90명이라고 합니다. 그중에서 남자는 40명입니다. 물음에 답하시오.

15 이 마을에 사는 여자는 몇 명입니까? [6점]

(   )명

16 이 마을에 사는 여자는 남자보다 몇 명 더 많습니까? [6점]

(   )명

서술형·논술형 문제

17 채린이의 일기입니다. 1반이 2반보다 나무를 몇 그루 더 많이 심었는지 식을 쓰고 답을 구하시오. [6점]

오	늘	은		식	목	일	입	니	다	.
나	무	를		1	반	은		26	그	루	,
2	반	은		20	그	루	를		심	었	습
니	다	.								

식 _____

답 _____ 그루

중요

18 두 수의 차가 23일 때 □ 안에 알맞은 숫자를 써넣으시오. [8점]

$$\begin{array}{r} \boxed{}\,6 \\ -\ 5\,\boxed{} \\ \hline 2\ \ 3 \end{array}$$

19 두 식의 계산 결과가 같도록 □ 안에 알맞은 수를 써넣으시오. [8점]

$$65 - 4 = 68 - \boxed{}$$

서술형·논술형 문제

20 다음 중 가장 작은 수와 두 번째로 작은 수의 합은 얼마인지 풀이 과정을 완성하고 답을 구하시오. [8점]

| 36 | 62 | 53 | 42 |

풀이 가장 작은 수는 $\boxed{}$ 이고 두 번째로

작은 수는 $\boxed{}$ 이므로 두 수의 합은

$\boxed{} + \boxed{} = \boxed{}$ 입니다.

답 _____

점수

정답 ◎ 꼼꼼 풀이집 29쪽

* 배점이 표시되어 있지 않은 문제는 문제당 4점입니다.

1 그림을 보고 □ 안에 알맞은 수를 써넣으시오.

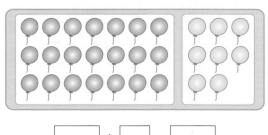

□ + □ = □

2 그림과 같이 구슬을 더 넣으면 상자 안에 있는 구슬은 모두 몇 개가 됩니까? ……… (　　　)

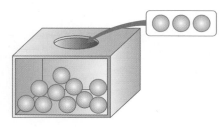

① 13개 　 ② 15개 　 ③ 18개
④ 31개 　 ⑤ 40개

3 그림을 보고 □ 안에 알맞은 수를 써넣으시오.

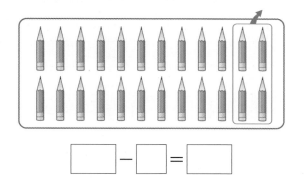

□ − □ = □

중요
4 계산을 하시오.

(1) $\begin{array}{r} 51 \\ +\ 34 \\ \hline \end{array}$ 　　(2) $\begin{array}{r} 23 \\ +\ 56 \\ \hline \end{array}$

5 계산을 하시오.

(1) $\begin{array}{r} 74 \\ -\ 32 \\ \hline \end{array}$ 　　(2) $\begin{array}{r} 83 \\ -\ 53 \\ \hline \end{array}$

6 덧셈을 하여 빈칸에 알맞은 수를 써넣으시오.

+	50	70	80
12			

7 피노키오가 책을 읽고 있습니다. 피노키오가 어제까지 읽은 쪽수와 오늘 읽을 쪽수는 모두 몇 쪽인지 구하는 식은 어느 것입니까?

………………………………………… (　　　)

① 20−10 　　② 30−20
③ 30−10 　　④ 30+20
⑤ 20+10

8 □ 안에 알맞은 수를 써넣으시오.

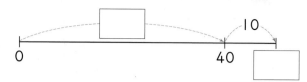

중요
9 지원이가 4월에 모은 붙임딱지는 5월에 모은 붙임딱지보다 몇 장 더 많습니까?

4월	5월
58장	35장

(   )장

10 빈칸에 알맞은 수를 써넣으시오.

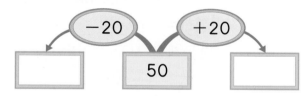

11 어느 꽃 가게에서 카네이션과 장미를 다음과 같이 팔았습니다. 이 꽃 가게에서 판 카네이션과 장미는 모두 몇 송이입니까?

▲ 카네이션 30송이   ▲ 장미 28송이

(   )송이

12 계산 결과를 찾아 이어 보시오.

$67-24$ ·   · 64

$95-31$ ·   · 43

13 계산 결과가 나머지와 <u>다른</u> 하나는 어느 것입니까? ……………………… (   )

① $50+30$ ② $40+40$
③ $60+20$ ④ $10+80$
⑤ $30+50$

서술형·논술형 문제

14 다음 중 가장 큰 수와 가장 작은 수의 차는 얼마인지 풀이 과정을 완성하고 답을 구하시오.

[6점]

76	86	51	46

풀이 가장 큰 수는 □ 이고 가장 작은

수는 □ 이므로 두 수의 차는

□ − □ = □ 입니다.

답

중요
15 도현이네 가족은 봉사 활동을 가기 위해 사과 27개와 귤 42개를 샀고 책은 30권을 샀습니다. 도현이네 가족이 준비한 사과와 귤은 모두 몇 개입니까? [6점]

( )개

16 두 수의 합이 76일 때 ☐ 안에 알맞은 숫자를 써넣으시오. [6점]

$$4\boxed{} + \boxed{}1 = 76$$

서술형·논술형 문제
17 5장의 수 카드 중에서 2장을 뽑아 한 번씩 사용하여 몇십몇을 만들었습니다. 그중 가장 큰 수와 가장 작은 수의 합은 얼마인지 풀이 과정을 완성하고 답을 구하시오. [6점]

| 7 | 4 | 1 | 3 | 6 |

풀이 만들 수 있는 몇십몇 중에서 가장

큰 수는 ☐ 이고 가장 작은 수는 ☐

이므로 두 수의 합은

☐ + ☐ = ☐ 입니다.

답 _____

[18~20] 로봇 박물관을 방문한 사람 수를 보고 물음에 답하시오.

구분	남자	여자
어린이	53명	32명
어른	25명	30명

18 어린이 방문객은 모두 몇 명입니까? [6점]

( )명

19 어른 방문객은 모두 몇 명입니까? [6점]

( )명

서술형·논술형 문제
20 남자 방문객은 여자 방문객보다 몇 명 더 많은지 알아보시오. [총 12점]

(1) 남자 방문객은 모두 몇 명인지 식을 쓰고 답을 구하시오. [4점]

식 _____

답 _____ 명

(2) 여자 방문객은 모두 몇 명인지 식을 쓰고 답을 구하시오. [4점]

식 _____

답 _____ 명

(3) 남자 방문객은 여자 방문객보다 몇 명 더 많은지 식을 쓰고 답을 구하시오. [4점]

식 _____

답 _____ 명

* 배점이 표시되어 있지 않은 문제는 문제당 4점입니다.

1 그림을 보고 □ 안에 알맞은 수를 써넣으시오.

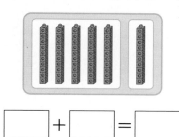

□ + □ = □

2 그림을 보고 □ 안에 알맞은 수를 써넣으시오.

□ − □ = □

3 계산을 하시오.

(1)
```
  4 4
+   3
```

(2)
```
  3 7
+ 5 2
```

중요
4 계산을 하시오.

(1)
```
  6 8
−   7
```

(2)
```
  5 9
− 1 3
```

5 □ 안에 알맞은 수를 써넣으시오.

6 □ 안에 알맞은 수를 써넣으시오.

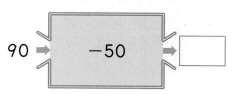

90 ➡ −50 ➡ □

7 빈 곳에 알맞은 수를 써넣으시오.

| 73 | +16 | |

8 계산 결과를 찾아 이어 보시오.

| 48−5 | 56−6 | 38−4 |

43   34   50

12 두 수의 합이 98일 때 □ 안에 알맞은 숫자를 써넣으시오.

```
    6 □
  +□ 5
 ─────
   9 8
```

9 계산 결과를 비교하여 ○ 안에 >, =, <를 알맞게 써넣으시오.

43+23 ◯ 55+12

13 계산 결과가 작은 것부터 차례로 기호를 쓰시오. [6점]

㉠ 24+53
㉡ 87−12
㉢ 14+65

(   )

10 계산을 <u>잘못한</u> 학생의 이름을 쓰시오.

현우   보라

(   )

14 명수는 한 봉지에 10개씩 들어 있는 구슬을 5봉지 샀습니다. 동생에게 구슬 20개를 받았습니다. 명수가 가지고 있는 구슬은 몇 개인지 풀이 과정을 완성하고 답을 구하시오. [6점]

풀이 한 봉지에 10개씩 들어 있는 구슬 5봉지는 □ 개입니다.

따라서 동생에게 구슬 20개를 받고 명수가 가지고 있는 구슬은

□ + □ = □ (개)입니다.

11 색종이 60장 중에서 40장을 사용하여 종이학을 접었습니다. 남은 색종이는 몇 장입니까?

(   )장

답 _____ 개

15 두 식의 계산 결과가 같도록 □ 안에 알맞은 수를 써넣으시오. [6점]

$$48-\boxed{}=59-24$$

16 4개의 수 중 2개를 골라 두 수의 합과 차를 각각 구하시오. [6점]

| 11 | 32 | 22 | 46 |

$$\boxed{}+\boxed{}=\boxed{}$$

$$\boxed{}-\boxed{}=\boxed{}$$

서술형·논술형 문제

17 다음 중 가장 큰 수와 두 번째로 큰 수의 차는 얼마인지 풀이 과정을 완성하고 답을 구하시오. [6점]

| 74 | 83 | 98 | 79 | 65 |

풀이 가장 큰 수는 □이고 두 번째로 큰

수는 □이므로 두 수의 차는

□ − □ = □입니다.

답

[18~19] 진우네 모둠 친구들이 1년 동안 읽은 책의 수입니다. 물음에 답하시오.

진우	지현	현규	진태	찬호
29권		36권	55권	23권

18 지현이가 읽은 책의 수는 진태가 읽은 책의 수보다 12권이 더 적습니다. 지현이가 읽은 책의 수는 몇 권입니까?

(   )권

19 현규와 찬호가 읽은 책의 수의 합은 진태가 읽은 책의 수보다 몇 권 더 많습니까? [6점]

(   )권

서술형·논술형 문제

20 24와 어떤 수의 합은 55입니다. 어떤 수와 47의 차는 얼마인지 알아보시오. [총 12점]

(1) 어떤 수를 □라 하여 □를 구하는 식을 쓰고 □의 값을 구하시오. [6점]

식

답

(2) 어떤 수와 47의 차는 얼마인지 식을 쓰고 답을 구하시오. [6점]

식

답

서술형·논술형 문제

1 호수 위에 있는 식을 계산하여 계산 결과가 50인 돌을 밟고 건너가면 보물이 있는 문까지 갈 수 있습니다. 물음에 답하시오. [총 26점]

(1) 계산을 하시오. [18점]

① 10+40　　② 70−20

③ 40+9　　④ 56−6

⑤ 90−30　　⑥ 17+32

⑦ 20+30　　⑧ 43+5

⑨ 65−15

(2) 보물이 있는 문은 어느 것인지 풀이 과정을 완성하고 답을 구하시오. [8점]

[풀이] 계산 결과가 50인 돌의 번호를 모두 쓰면 ＿＿＿＿＿＿＿입니다.

따라서 보물이 있는 문의 기호는 ☐입니다.

[답] ＿＿＿＿＿＿＿

2 찬주가 하는 말을 읽고 ㉠과 ㉡에 알맞은 수의 합을 구하는 식을 쓰고 답을 구하시오. [8점]

[식] ＿＿＿＿＿＿＿

[답] ＿＿＿＿＿＿＿

3 캠프에 참가한 학생 60명은 조끼를 하나씩 입어야 합니다. 조끼가 다음과 같이 준비되어 있다면 남는 조끼는 몇 벌인지 풀이 과정을 쓰고 답을 구하시오. [10점]

 30벌　　 48벌

[풀이] ＿＿＿＿＿＿＿

＿＿＿＿＿＿＿

＿＿＿＿＿＿＿

＿＿＿＿＿＿＿

[답] ＿＿＿＿＿＿＿ 벌

* 배점이 표시되어 있지 않은 문제는 문제당 4점입니다.

정답 ➡ 꼼꼼 풀이집 31쪽

관련 단원 : 1. 100까지의 수

1 □ 안에 알맞은 수를 써넣으시오.

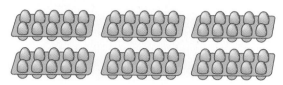

10개씩 묶음 6개 ➡ □

관련 단원 : 3. 모양과 시각

2 왼쪽과 같은 모양의 물건에 ○표 하시오.

( ) ( ) ( )

관련 단원 : 2. 덧셈과 뺄셈(1)

3 □ 안에 알맞은 수를 써넣으시오.

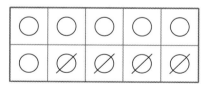

10 - 4 = □

관련 단원 : 6. 덧셈과 뺄셈(3)

4 계산해 보시오.

$$\begin{array}{r} 3\,0 \\ +\,5\,0 \\ \hline \end{array}$$

관련 단원 : 6. 덧셈과 뺄셈(3)

5 빈칸에 알맞은 수를 써넣으시오.

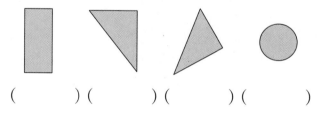

관련 단원 : 3. 모양과 시각

6 ▲ 모양을 모두 찾아 ○표 하시오.

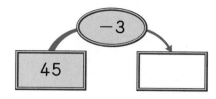

( ) ( ) ( ) ( )

관련 단원 : 3. 모양과 시각

7 같은 시각끼리 이어 보시오.

(1) 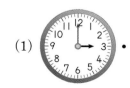 •

(2)  •

• ㉠  5시

• ㉡ 3시

• ㉢  1시

관련 단원 : 2. 덧셈과 뺄셈(1)

8 합이 10이 되는 덧셈에 ○표 하시오.

1+6	5+5

(   )   (   )

관련 단원 : 1. 100까지의 수

9 두 수의 크기를 비교하여 ○ 안에 >, <를 알맞게 써넣으시오.

67 ◯ 69

관련 단원 : 3. 모양과 시각

10 시각에 알맞게 시곗바늘을 그려 넣으시오.

(1)

11시

(2)

2시 30분

관련 단원 : 6. 덧셈과 뺄셈(3)

11 크기를 비교하여 더 큰 것의 기호를 쓰시오.

㉠ 24+51	㉡ 74

(   )

관련 단원 : 1. 100까지의 수

12 75보다 1만큼 더 큰 수를 쓰시오.

(   )

서술형·논술형 문제   관련 단원 : 5. 규칙 찾기

13 수 배열에서 규칙을 쓰시오. [6점]

30	29	28	27	26	25

규칙

_____

_____

_____

관련 단원 : 1. 100까지의 수

14 41부터 50까지의 수 중에서 홀수를 모두 쓰시오.

(   )

15 관련 단원 : 3. 모양과 시각

다음 모양을 만드는 데 이용하지 <u>않은</u> 모양을 찾아 ○표 하시오. [6점]

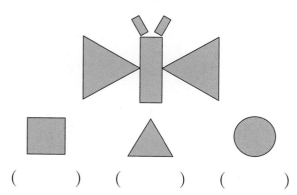

(   )   (   )   (   )

16 서술형·논술형 문제   관련 단원 : 6. 덧셈과 뺄셈(3)

빨간 색종이가 12장, 파란 색종이가 14장 있습니다. 색종이는 모두 몇 장인지 식을 쓰고 답을 구하시오. [6점]

식

답 _____ 장

17 관련 단원 : 5. 규칙 찾기

규칙에 따라 빈칸에 들어갈 모양과 같은 모양의 물건을 찾아 기호를 쓰시오. [7점]

△ △ ○ △ △ ○ △ △

⊙ ⓒ ⓒ

(   )

18 서술형·논술형 문제   관련 단원 : 4. 덧셈과 뺄셈(2)

뺄셈을 하고, 알게 된 점을 쓰시오. [7점]

$$14-8=6$$
$$14-7=7$$
$$14-6=\boxed{}$$
$$14-5=\boxed{}$$

알게 된 점   같은 수에서 1씩 작아지는 수를

빼면 _____

_____

19 관련 단원 : 2. 덧셈과 뺄셈(1)

준서는 구슬을 9개 가지고 있었습니다. 그중에서 형에게 5개를 주고, 동생에게 2개를 주었습니다. 남은 구슬은 몇 개입니까? [8점]

(   )개

20 관련 단원 : 4. 덧셈과 뺄셈(2)

진호와 진주가 과녁 맞히기 놀이를 하였습니다. 두 사람이 맞힌 점수가 다음과 같을 때 점수의 합이 더 높은 사람은 누구입니까? [8점]

진호	진주
9점, 2점	5점, 8점

(   )

* 배점이 표시되어 있지 않은 문제는 문제당 **4점**입니다.

정답 ➡ 꼼꼼 풀이집 32쪽

관련 단원 : 6. 덧셈과 뺄셈(3)

1 모형을 보고 ☐ 안에 알맞은 수를 써넣으시오.

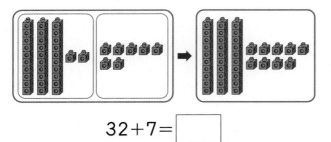

$$32+7=\boxed{}$$

관련 단원 : 1. 100까지의 수

2 수로 쓰시오.

예순일곱

( )

관련 단원 : 3. 모양과 시각

3 왼쪽과 같은 모양의 물건에 ○표 하시오.

( ) ( ) ( )

관련 단원 : 3. 모양과 시각

4 시각을 써 보시오.

( )시 ( )분

관련 단원 : 2. 덧셈과 뺄셈(1)

5 ☐ 안에 알맞은 수를 써넣으시오.

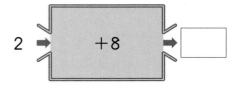

$$2 \rightarrow \boxed{+8} \rightarrow \boxed{}$$

관련 단원 : 4. 덧셈과 뺄셈(2)

6 ☐ 안에 알맞은 수를 써넣으시오.

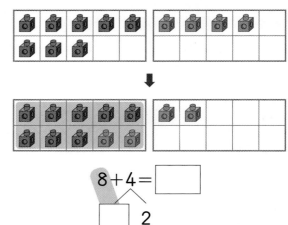

$$8+4=\boxed{}$$

$$\boxed{}\quad 2$$

관련 단원 : 6. 덧셈과 뺄셈(3)

7 두 수의 차를 구하시오.

| 17 6 |

( )

8 계산 결과를 찾아 이어 보시오.

관련 단원 : 6. 덧셈과 뺄셈(3)

(1) $80-30$ ·　　　· ㉠ 40

(2) $10+30$ ·　　　· ㉡ 50

관련 단원 : 1. 100까지의 수

9 왼쪽의 수보다 작은 수에 모두 ○표 하시오.

72 (69 , 81 , 71)

관련 단원 : 3. 모양과 시각

10 시각에 알맞게 시곗바늘을 그려 넣으시오.

10시

관련 단원 : 6. 덧셈과 뺄셈(3)

11 계산 결과를 비교하여 ○ 안에 $>$, $=$, $<$를 알맞게 써넣으시오.

$34+15$ ○ $59-12$

관련 단원 : 3. 모양과 시각

12 오른쪽은 어떤 모양의 부분을 나타낸 그림입니다. 알맞은 모양에 ○표 하시오.

(　　)　　(　　)　　(　　)

서술형·논술형 문제　　관련 단원 : 5. 규칙 찾기

13 수 배열표에서 색칠한 수에는 어떤 규칙이 있는지 쓰시오. [6점]

51	52	53	54	55	56	57	58	59	60
61	62	63	64	65	66	67	68	69	70
71	72	73	74	75	76	77	78	79	80
81	82	83	84	85	86	87	88	89	90

규칙

관련 단원 : 1. 100까지의 수

14 30부터 40까지의 수 중에서 짝수를 모두 쓰시오.

(　　　　　　　　　　)

관련 단원 : 2. 덧셈과 뺄셈(1)

15 합이 10이 되는 덧셈이 <u>아닌</u> 것의 기호를 쓰시오. [6점]

> ⊙ 9+1　　　ⓒ 2+8
>
> ⓒ 3+6　　　ⓔ 5+5

(　　　　　　　　)

관련 단원 : 2. 덧셈과 뺄셈(1)

16 소희는 연필 10자루를 가지고 있었습니다. 그중에서 동생에게 3자루를 주었습니다. 남은 연필은 몇 자루입니까? [6점]

(　　　　　　　)자루

서술형·논술형 문제　관련 단원 : 3. 모양과 시각

17 어느 날 진희와 해주가 저녁에 숙제를 끝낸 시각을 나타낸 것입니다. 숙제를 먼저 끝낸 사람은 누구인지 풀이 과정을 완성하고 답을 구하시오. [7점]

진희　　　　　　해주

풀이 진희가 숙제를 끝낸 시각은 [　] 시이고,

해주가 숙제를 끝낸 시각은 [　] 시 [　] 분입니다.

따라서 숙제를 먼저 끝낸 사람은 [　] 입니다.

답 ＿＿＿＿＿＿＿＿＿

관련 단원 : 1. 100까지의 수

18 가장 큰 수를 찾아 쓰시오. [7점]

> 82　　74　　63

(　　　　　　　　　　)

관련 단원 : 3. 모양과 시각

19 ▦, ▲, ● 모양을 이용하여 만든 모양입니다. 가장 많이 이용한 모양에 ○표 하시오.

[8점]

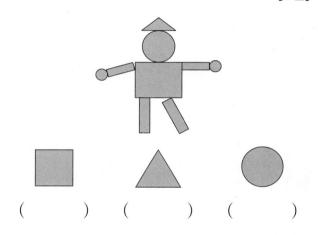

(　　　) 　(　　　) 　(　　　)

서술형·논술형 문제　관련 단원 : 2. 덧셈과 뺄셈(1)

20 바구니에 사과 5개, 배 8개, 감 2개가 있습니다. 바구니에 있는 사과, 배, 감은 모두 몇 개인지 식을 쓰고 답을 구하시오. [8점]

식 ＿＿＿＿＿＿＿＿＿＿＿＿

답 ＿＿＿＿＿＿＿＿＿ 개

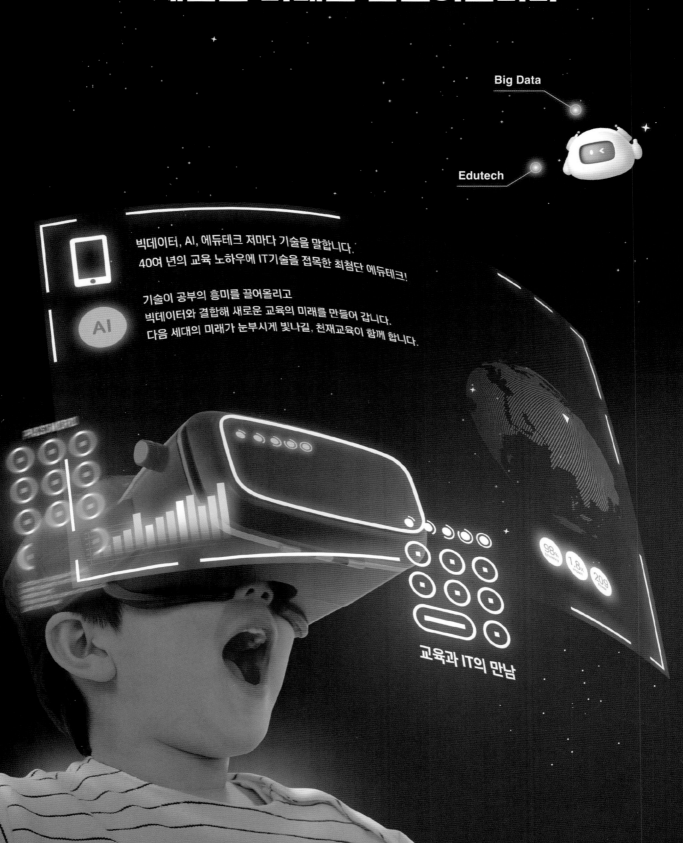

교육과 IT가 만나
새로운 미래를 만들어갑니다

Big Data

Edutech

빅데이터, AI, 에듀테크 저마다 기술을 말합니다.
40여 년의 교육 노하우에 IT기술을 접목한 최첨단 에듀테크!

기술이 공부의 흥미를 끌어올리고
빅데이터와 결합해 새로운 교육의 미래를 만들어 갑니다.
다음 세대의 미래가 눈부시게 빛나길, 천재교육이 함께 합니다.

교육과 IT의 만남

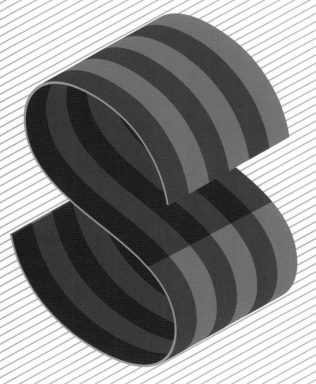

열공 전과목 단원평가

꼼꼼 풀이집

열공 전과목 단원평가
꼼꼼 풀이집

국어·수학

1·2

천재교육

열공 전과목 단원평가

꼼꼼 풀이집

1·2

정답과 풀이

국 어

1. 기분을 말해요

5 ~ 6쪽	단원평가 1회

쪽지시험 ❶ 소리를 ❷ 반짝반짝 ❸ 기분을 ❹ 듣는

1 ② **2** (1) 활짝 (2) 씽씽 **3** ㉡
4 ④ **5** ④ **6** ② **7** ④, ⑤
8 ③ **9** 민지 **10** (2) ○

풀이

2 꽃이 핀 모습을 '활짝', 자동차가 빠르게 지나가는 모습을 '씽씽'으로 흉내 낼 수 있습니다.

3 흉내 내는 말을 사용하면 문장을 더 실감 나게 할 수 있습니다.

5 '나'는 노랫말이 안 떠올라 당황했을 것입니다.

7 '나'는 뿌듯하고 자랑스러웠을 것입니다.

10 '나'로 시작하여 듣는 사람의 기분을 생각하며 솔 직한 자신의 기분을 말합니다.

7 ~ 10쪽	단원평가 2회

1 깡충깡충 **2** (1) ② (2) ① (3) ④ (4) ③
3 ①, ⑤ **4** ④ **5** ③ **6** 민호
7 ③ **8** (3) ○ **9** 듣는 사람 **10** 예 나 는 내가 만든 성이 무너져서 속상해. **11** 기쁘 다 / 즐겁다 등 **12** ⑤ **13** (1) ㉢ (2) ㉡ **14** ③
15 (1) 힘들어요 (2) 편해요 (3) 고마워요 **16** 버럭 쟁이 **17** ② **18** (2) ○ **19** ④
20 ④

풀이

2 매미는 '맴맴' 울고, 꽃은 '활짝' 핍니다. 병아리는 '삐악삐악' 울고, 시계는 '똑딱똑딱' 갑니다.

3 '나'는 노래를 부를 때 떨렸고, 당황했습니다.

4 '꽁꽁'은 물체가 언 모양을 흉내 내는 말입니다.

6 '나'는 민호 때문에 깜짝 놀랐습니다.

9 민지의 기분을 생각해 주는 부분이므로 '듣는 사 람'이 들어가야 합니다.

10	점수	채점 기준
	10점	'나'로 시작하여 있었던 일과 솔직한 기분을 알맞 게 썼습니다.
	5점	'나'로 시작하지 않고 기분만 썼습니다.

12 아끼는 물건을 잃어버리면 슬플 것입니다.

14 서진이는 밤에 졸린 표정을 짓고 있습니다.

15 힘든 표정, 편안한 표정, 고마워하는 표정이 나타 나 있습니다.

17 도치는 화를 잘 낸다고 하였습니다.

18 구름이 그림책만 하게 커졌습니다.

20 도치가 예쁘게 말을 하자 구름이 사라졌습니다.

11쪽	서술형 · 논술형 문제

1 예 고양이가 야옹 운다. / 자전거가 씽씽 지나간다.
2 예 별이 반짝반짝 빛난다.
3 (1) 예 속상하다 / 마음이 아프다 (2) 예 나는 너희들이 랑 함께 놀고 싶어.

풀이

1	점수	채점 기준
	30점	흉내 내는 말이 잘 어울리는 문장을 그림과 관련된 내용으로 알맞게 썼습니다.
	10점	흉내 내는 말이 잘 어울리지만 그림의 내용과 거리 가 멉니다.

2	점수	채점 기준
	30점	'반짝반짝'의 뜻이 잘 드러나는 문장을 알맞게 썼 습니다.
	10점	'반짝반짝'의 뜻이 잘 드러나는 문장이지만 틀린 글자나 표현이 있습니다.

3		점수	채점 기준
(1)		10점	치치의 속상한 기분이 드러나게 씀.
		5점	'밉다' 등으로 핵심에서 다소 벗어남.
(2)		30점	'나'로 시작하여 자신의 솔직한 기분을 화내 지 않는 표현으로 썼습니다.
		10점	'나'로 시작하지 않고 자신의 기분만 썼거나, 친구들에게 사과하는 말만 썼습니다.

정답과 풀이

2. 낱말을 정확하게 읽어요

13 ~ 14쪽   단원평가 1회

쪽지시험 ❶ 겹받침 ❷ 글쓴이 ❸ 제목 ❹ 행동

1 (1) 맑습니다 (2) 없습니다   **2** ④   **3** ③
4 ③   **5** ㄶ   **6** ①   **7** 엄지
8 아무 데나   **9** (3) ○   **10** 예 물건을 쓰고 나서 제자리에 두어야 한다.

풀이

1 '맑다'와 '없다'를 알맞게 쓴 것을 찾습니다.

2 '붉다', '읽다', '밝다', '긁다'에 'ㄹ'이 들어갑니다.

5 'ㄶ'이 들어간 '앓다'를 나타내는 모습입니다.

7 '흙 속에'는 [흑쏘게]로 소리 내어 읽습니다.

10

점수	채점 기준
20점	글쓴이의 생각을 알맞게 썼습니다.
10점	알맞은 내용이지만 틀린 표현이나 글자가 있습니다.

15 ~ 18쪽   단원평가 2회

1 (1) ② (2) ① (3) ④ (4) ③   **2** (1) 빵값 (2) 싫다
3 (1) 쌍 (2) 겹 (3) 겹   **4** ③   **5** ⑤
6 (1) ① (2) ③   **7** ④, ⑤   **8** ⑤   **9** (3) ○
10 ④   **11** (3) ○   **12** ③   **13** 복도
14 ㉠, ㉣   **15** 예 복도에서 뛰지 말고 천천히 걸어다녀야 한다.   **16** 멋진 날 보내렴!   **17** ②
18 ㉢   **19** (3) ○   **20** ㉢

풀이

2 '빵값', '싫다'로 고쳐 써야 합니다.

3 '밝다'와 '틀림없다'에는 겹받침이 들어갑니다.

5 '읽다'는 [익따]로 소리 내어 읽습니다.

6 '간신히'는 '매우 힘들게.', '하마터면'은 '조금만 잘못했더라면.'을 뜻합니다.

8 참외씨는 참외로 자라는 것이 꿈입니다.

10 '흙이'는 [흘기], '흙은'은 [흘근]으로 읽습니다.

12 글쓴이는 물건을 제자리에 두어야 한다고 생각합니다.

14 복도에서 뛰면 다치거나 다른 사람을 놀라게 할 수 있습니다.

15

점수	채점 기준
12점	글쓴이가 하고 싶은 말을 알맞게 썼습니다.
6점	글쓴이가 하고 싶은 말로 알맞은 내용이지만 틀린 표현이나 글자가 있습니다.

17 다니엘은 이웃들에게 어떤 날이 멋진 날인지 물어보았습니다.

18 산체스 부인은 페인트칠하기 좋은 날이라고 대답하였습니다.

20 글쓴이는 준호에게 고맙다는 말을 하려고 합니다.

19쪽   서술형 · 논술형 문제

1 (1) ① 흘기 ② 흑쏘게 (2) 예 흙 속에 들어가서 달고 맛있는 참외가 되는 것이 꿈이다.
2 (1) 예 바람이 잘 불어서 연 날리기 좋은 날이 멋진 날이다. (2) 예 다니엘이 자신을 안아 주는 날이 멋진 날이다.

풀이

1 (1) ㉠은 [흘기], ㉡은 [흑쏘게]로 읽습니다.

점수		채점 기준
(1)	20점	①과 ② 모두 알맞게 씀.
	10점	①이나 ② 중 하나만 알맞게 씀.
(2)	30점	참외씨의 꿈을 정확한 문장으로 알맞게 썼습니다.
	10점	'참외'와 같이 단답형으로 썼거나, 참외씨의 꿈으로 알맞은 내용이지만 틀린 표현이나 글자가 있습니다.

2 각 인물의 생각을 알맞게 찾아 씁니다.

점수		채점 기준
(1)	25점	에마 누나의 생각을 알맞게 썼습니다.
	10점	에마 누나의 생각으로 알맞은 내용이지만 틀린 표현이나 글자가 있습니다.
(2)	25점	다니엘 할머니의 생각을 알맞게 썼습니다.
	10점	다니엘 할머니의 생각으로 알맞은 내용이지만 틀린 글자나 표현이 있습니다.

3. 그림일기를 써요

21~22쪽 **단원평가 1회**

쪽지시험 ❶ 그림 ❷ 듣는 사람 ❸ × ❹ 경험한 일

1 꿈   **2** ③   **3** (1) 집 등 (2) 먹었다 등
4 재호, 윤아   **5** 10월 24일   **6** 사과   **7** ㉢
8 ①   **9** ⑤   **10** (1) ○ (2) ○ (3) ×
(4) ○

풀이

1 진호는 자신의 꿈에 대해 발표했습니다.

2 다른 사람의 발표를 들을 때는 말하는 사람을 바라보며 바른 자세로 들어야 합니다. 궁금한 점을 생각하며 듣는 것도 좋습니다.

3 집에서 된장찌개를 먹는 모습을 나타낸 그림입니다.

4 우리 반이 함께한 일에 대해 알맞게 말한 사람은 재호와 윤아입니다. 지민이는 아침에 있었던 일에 대해 말했습니다. 민영이는 어제 가족들과 있었던 일에 대해 말했습니다.

5 그림일기 맨 윗부분에서 날짜와 요일을 확인할 수 있습니다. 그림일기를 쓴 날짜는 20○○년 10월 24일 일요일입니다.

6 그림은 '나'가 할머니, 동생과 사과를 따는 모습입니다.

7 경험한 일에 대한 생각이나 느낌이 나타난 문장은 ㉢입니다. ㉠과 ㉡은 있었던 일에 대해 쓴 문장입니다.

8 '불었습니다'는 생각이나 느낌을 나타내는 표현이 아닙니다.

9 아빠와 함께 서점에 갔던 일에 대해 쓴 일기입니다. 따라서 아빠와 서점에서 책을 구경하는 그림이 가장 어울립니다.

10 그림일기를 쓸 때는 날짜, 요일, 날씨를 써야 합니다. 그리고 경험한 일을 표현하는 그림을 그려야 합니다. 글을 쓸 때는, 그날 경험한 일 가운데에서 기억에 남는 일을 골라 경험한 일이 잘 드러나게 내용을 자세히 써야 합니다. 내일 일어날 것 같은 내용을 쓰는 것은 알맞지 않습니다.

23~26쪽 **단원평가 2회**

1 아침   **2** ④   **3** (1) ○, (3) ○
4 (1) 운동장 등 (2) 체육 대회 등
5 (1) 궁금한 (2) 말하는 (3) 집중하며 (4) 바라보며
6 날씨   **7** 민규   **8** ④   **9** (1) 꿉
니다 (2) 닦습니다   **10** 예 농장 견학을 간 일
이 가장 기억에 남는다.   **11** (1) 9, 15 (2) 화
12 ⑤   **13** (1) ○   **14** ②   **15** (1) ○
16 (3) ○   **17** ⑤   **18** 영주   **19** ⑤
20 목소리 등

풀이

1 아침에 겪은 일을 떠올린 그림입니다.

2 그림 ❸은 학교 가는 길에 친구를 만난 모습입니다.

3 발표할 때는 허리를 펴고 바르게 서서 또박또박 말해야 합니다.

4 그림은 체육 대회를 하는 모습입니다.

6 그림일기의 맨 위에 날짜와 요일, 날씨를 써야 합니다.

7 일기를 쓸 때는 기억에 남는 일을 골라 써야 합니다.

8 그림일기를 쓸 때는 경험한 일이 잘 드러나는 그림을 그려야 합니다.

10

점수	채점 기준
10점	농장 견학을 간 일이 가장 기억에 남는다 등 우리 반에서 함께한 일을 알맞게 씀.
5점	학교 앞에서 친구를 만났다 등 우리 반이 함께한 일과 관련 없는 내용을 씀.

11 9월 15일 화요일에 쓴 일기입니다.

12 어머니께서 곰 인형을 사 주신 일에 대해 쓴 그림일기입니다.

14 '나'는 어머니께 곰 인형을 받아서 기뻤을 것입니다.

16 (1)은 저녁에, (2)는 아침에 일어난 일입니다.

17 그림일기를 쓸 때 그림일기를 쓴 횟수에 대해서는 쓰지 않아도 됩니다.

20 목소리가 작아서 잘 안 들렸기 때문에 남자아이는 여자아이의 말을 제대로 알아듣지 못했습니다.

27쪽	서술형 · 논술형 문제

1 예 할머니 댁에서 사과를 따는 모습.
2 예 정말 재미있었다.
3 예 경험한 일을 표현하는 그림을 그리지 않았다. / 기억에 남는 장면을 그리지 않았다.
4 예 오늘 한 일을 모두 써서 기억에 남는 일이 무엇인지 알 수 없다. / 늘 하는 일을 일기로 써서 특별한 생각이나 느낌을 알 수 없다.

풀이

1 (1)

점수	채점 기준
25점	할머니 댁에서 사과를 따는 모습을 그렸다는 내용을 씀.
15점	할머니 댁에 갔다는 내용만 씀.
5점	무엇을 하는 모습인지 쓰지 않고 '사과', '할머니 댁'과 같이 낱말만 씀.

(2)

점수	채점 기준
25점	재미있었다 등 경험한 일에 어울리는 느낌을 나타내는 말을 씀.
5점	속상했다 등 경험한 일에 어울리지 않는 느낌을 나타내는 말을 씀.

2 (1)

점수	채점 기준
25점	경험한 일과 관련된 그림을 그리지 않았다는 내용을 씀.
15점	그림이 이상하다 등 구체적으로 무엇이 잘못됐는지에 대해서는 쓰지 않음.
5점	그림이 아니라 글에서 잘못된 부분을 씀.

(2)

점수	채점 기준
25점	경험한 일 가운데에서 기억에 남는 일을 골라 쓰지 않았다는 내용을 씀.
15점	글이 이상하다 등 구체적으로 무엇이 잘못됐는지에 대해서는 쓰지 않음.
5점	글이 아니라 그림에서 잘못된 부분을 씀.

4. 감동을 나누어요

29 ～ 30쪽	단원평가	1회

쪽지시험 ❶ 내용 ❷ × ❸ ○ ❹ 큰따옴표

1 미역　　　**2** 새콤하다　　**3** ③　　**4** 상헌
5 ㉰ → ㉮ → ㉺　　　　　**6** 맷돌　　**7** ②
8 ②　　　　**9** ⑤
10 (1) 궁궐로 (2) 맷돌을 (3) 바닷속에

풀이

1 주원이는 미역을 가장 싫어한다고 하였습니다.
2 주원이는 미역무침을 먹다 보니 입안에 새콤함이 가득해졌다고 하였습니다.
3 "주원이는 반찬을 골고루 잘 먹는구나."는 급식을 먹는 주원이를 보고 선생님께서 하신 말씀입니다.
4 좋아하지 않는 음식을 용기 내어 먹어 본 경험을 말한 사람은 상헌입니다.
5 이야기의 흐름에 따라 일어난 사건을 파악하며 일이 일어난 순서를 살펴봅니다. 맛있게 미역무침을 먹는 서윤이를 보며 주원이도 미역무침 먹기에 도전했습니다. 미역무침을 조금 먹어 보았더니 주원이의 입안에 새콤한 맛이 느껴졌습니다. 그런 주원이를 보시고 선생님께서 주원이를 칭찬해 주셨습니다. 주원이는 다음에도 새로운 음식 먹기에 도전해야겠다고 생각했습니다.
6 도둑은 맷돌을 훔쳤습니다.
7 일이 일어난 때를 알려 주는 말을 '시간을 나타내는 말'이라고 합니다.
8 도둑이 "나와라, 소금!"이라고 외친 것을 보아 빈칸에 들어갈 말은 소금임을 알 수 있습니다.
9 도둑은 너무 놀라 맷돌을 멈출 때 하는 말을 잊어버렸습니다.
10 신기한 맷돌에 대해 알게 된 도둑은 이를 훔치기로 마음을 먹었습니다. 저녁이 되자 도둑은 궁궐로 숨어들었습니다. 그리고 깊은 밤, 모두 잠든 사이 몰래 맷돌을 훔쳐 도망갔습니다. 하지만 배 위에서 너무 놀라 맷돌을 멈출 때 하는 말을 잊어버린 도둑은 결국 바다에 가라앉고 말았습니다. 이야기의 흐름에 따라 누가 무엇을 했는지 생각하며 이야기를 읽으면 일이 일어난 순서를 파악하기 쉽습니다.

1 점심시간　　**2** ⑤　　　　**3** (2) ○
4 주원이　　　**5** ②　　　　**6** (1) ○, (3) ○　**7** ⑤
8 나와라　　　**9** ③　　　　**10** ㉡ → ㉠ → ㉣ → ㉢
11 ㉔ 너무 많은 욕심을 부리면 언젠가는 벌을 받는다.
12 늑대　　　　**13** 작은따옴표
14 (1) 아침 일찍 (2) 이튿날　**15** ①　　　　**16** ②
17 거북 알　　**18** ④　　　　**19** ①, ⑤　　　**20** 진영

풀이

1 오늘 점심시간에 주원이네 학교에서 일어난 일입니다.

2 서윤이는 미역무침이 새콤달콤하다고 하였습니다.

3 주원이는 용기 내어 미역무침을 먹었습니다.

4 주원이가 한 생각입니다.

5 주원이는 선생님의 칭찬을 듣고 자꾸만 웃음이 나왔다고 하였습니다.

6 누가 무엇을 했는지 생각하며 이야기를 읽을 때는 인물이 했던 말이나 생각, 행동을 찾아보아야 합니다.

7 '시간을 나타내는 말'이란, 일이 일어난 때를 알려 주는 말입니다.

9 도둑은 욕심이 많아서 임금님의 맷돌을 훔쳤습니다.

11

점수	채점 기준
12점	욕심을 부리면 안 된다는 내용을 알맞게 씀.
6점	욕심을 부렸다, 맷돌를 훔쳤다 등 이야기에서 있었던 일에 대해 씀.

13 인물이 마음속으로 한 말을 적을 때는 작은따옴표를 씁니다.

15 양치기 소년은 거짓말을 반복하다가 결국 도움이 필요할 때 도움을 받지 못했습니다.

17 바다에서 놀던 엄마 까투리와 꺼병이들은 우연히 거북 알을 발견했습니다.

18 엄마 까투리와 꺼병이들은 아기 거북이를 집으로 돌려보내 주기 위해 다 같이 바다로 갔습니다.

19 다른 친구의 생각이나 느낌이 아닌, 나의 생각과 느낌을 말해야 합니다.

1 ㉔ 세상에서 가장 귀한 소금이 나오라고 외쳤다.
2 (1) 거짓말 (2) 늑대
3 (1) 작은따옴표 (2) ㉔ 인물이 마음속으로 한 말을 적을 때 쓴다.
4 저녁, (깊은) 밤

풀이

1 글에서 도둑이 한 생각이나 말, 행동을 구분해 봅니다.

점수	채점 기준
25점	세상에서 가장 귀한 소금이 나오라고 외쳤다 등 도둑이 배 위에서 한 행동을 알맞게 씀.
5점	하얀 소금이 쏟아져 나왔다 등 도둑이 한 행동과 관련이 없는 내용을 씀.

2 이야기의 흐름에 따라 일어난 사건을 파악하며 일이 일어난 순서를 살펴봅시다.

점수	채점 기준
20점	(1)에는 거짓말, (2)에는 늑대라고 알맞게 씀.
10점	(1)과 (2) 중 하나만 알맞게 씀.
0점	(1)과 (2) 모두 틀리게 씀.

3 큰따옴표와 작은따옴표의 차이를 구분해 봅시다.

점수	채점 기준
30점	따옴표의 종류와 인물이 마음속으로 한 말을 적을 때 쓴다 등 작은따옴표의 특징을 알맞게 씀.
15점	따옴표의 종류 혹은 따옴표의 특징 중 한 가지만 알맞게 씀.

4 '시간을 나타내는 말'이란, 일이 일어난 때를 알려 주는 말입니다. 글에서 시간을 나타내는 말을 찾아 봅시다.

점수	채점 기준
25점	저녁, (깊은) 밤을 모두 찾아 씀.
15점	저녁 혹은 (깊은) 밤 중, 하나만 씀.
5점	그리고, 서둘러 등 시간을 나타내는 말과 관련 없는 낱말을 씀.

정답과 풀이

5. 생각을 키워요

37 ~ 38쪽 **단원평가 1회**

쪽지시험 **❶** 모음자 **❷** 세종 대왕 **❸** ○ **❹** 인물이 한 일

1 ① **2** ③ **3** 예 돌
4 ② **5** 예 글을 몰라 어려움을 겪는 백성을 안
타깝게 여겼기 때문이다. **6** ④ **7** ㉡
8 (3) ○ **9** ② **10** 리나

풀이

1 자음자 'ㄴ'에 한 획을 그으면 자음자 'ㄷ'이 됩니다.

2 '발'은 '불'의 모음자를 바꾸어 만들었습니다.

3 '돌', '살', '솔' 등의 글자를 만듭니다.

4 우리나라는 한글이 만들어지기 전에는 중국 글자
인 한자를 썼다고 글에 나와있습니다.

5 세종 대왕이 백성을 위하여 한글을 만들었다는 내
용을 찾을 수 있습니다.

점수	채점 기준
20점	🔑 정답 키워드 백성 백성을 안타깝게 여겼다는 내용을 구체적으로 씀.
10점	글자가 필요해서 만들었다 등 내용을 단순하게 씀.

6 훌라후프를 잘 돌리고 싶었기 때문입니다.

7 ㉠은 글의 내용을 잘못 이해하고 있습니다.

8 우주에서는 모든 것들이 둥둥 떠다닙니다.

9 수저는 '벌'이라고 셉니다.

10 화우와 지혁은 글의 내용과 관련이 없는 말을 하
고 있습니다.

39 ~ 42쪽 **단원평가 2회**

1 (1) ② (2) ① (3) ① **2** 백성 **3** ⑤
4 ② **5** ① **6** (2) ○ (3) ○ (4) ○
7 모음자 **8** (1) 솜 (2) 금 (3) 공 **9** ①
10 별 **11** (1) 어휴. (2) 우아! **12** ②
13 (2) ○ **14** ㉢ **15** ④ **16** ㉢
17 민규 **18** 발걸이 **19** ④ **20** 예 모
든 물건이 떠다닌다는 것이 신기해서 우주에 직접 가보
고 싶다는 생각이 들었다.

풀이

1 한글과 한자의 특징을 알맞게 선으로 잇습니다.

3 쉽게 배울 수 있는 한글이 만들어진 후 백성들도
글을 읽고 쓸 수 있게 되었을 것입니다.

4 자음자에 한 획을 더 그어서 다른 자음자를 만들
수 있습니다.

5 'ㅛ'의 방향을 달리하면 'ㅑ, ㅠ, ㅕ'가 됩니다.

6 'ㅈ', 'ㅗ', 'ㅇ'으로 이루어져 있습니다.

7 낱말의 자음자나 모음자가 바뀌면 낱말의 모양과
소리, 뜻이 달라집니다.

8 '솜'은 '곰'의 첫 자음자, '금'은 '곰'의 모음자, '공'
은 '곰'의 받침을 바꾸어 만든 낱말입니다.

9 '불'의 받침이 바뀌어 '붓'이 되었습니다.

10 '북'은 '벽'의 모음자를 바꾼 낱말입니다.

11 친구들은 모두 "우아!" 하고 소리를 질렀지만 나
는 "어휴."라고 했습니다.

12 '나'는 친구들이 부러웠을 것입니다.

13 훌라후프 두 개를 돌렸다는 사실은 글에 나타나
있지 않습니다. 또한, 시윤의 대답으로 보아 희수
가 글쓴이를 안타깝게 여긴다는 말을 했을 것이라
고 짐작할 수 있습니다.

14 ㉢은 자신의 생각이 아닌 책에 관한 설명입니다.

15 다람쥐는 동물이므로 '마리'라고 셉니다.

16 '동'의 받침을 바꾸어 '돌'을 만들 수 있습니다.

17 민규는 안내판의 내용과 관련 없는 이야기를 하고
있습니다.

18 우주에서 볼일을 볼 때는 몸이 뜨지 않게 발걸이
와 손잡이를 이용해 몸을 고정하여야 합니다.

19 둥둥 떠다니는 물건에 다치거나 위험해질 수 있기
때문입니다.

20	점수	채점 기준
	12점	글의 내용과 관련된 자신의 생각이나 느낌을 구체적으로 씀.
	6점	글의 내용과 관련 없는 생각이나 느낌을 쓰거나, 글의 내용만 쓰고 자신의 생각이나 느낌을 쓰지 못함.

43쪽 ⬛ 서술형 · 논술형 문제

1 (1) ㉠ 예 하늘과 땅, 사람의 모양을 본떠 만들었다.
㉡ 예 말소리를 내는 혀와 입, 목구멍 등의 모양을 본떠
만들었다. (2) 예 한글 덕분에 글을 쉽게 읽고 쓸 수 있어
나의 생각을 편하게 전할 수 있다.
2 (1) 예 훌라후프를 잘 돌리지 못하여서 (2) 예 열심히 하
면 친구들처럼 훌라후프를 잘 돌릴 수 있을 거야. 힘내!

풀이

1 (1) 한글이 본떠 만든 것을 글에서 찾습니다.

점수	채점 기준
14점	한글의 자음자와 모음자가 무엇을 본떠 만들었는지 알맞게 씀.
7점	자음자나 모음자에 대한 내용 중 한 가지만 씀.

(2) 쉽게 읽고 쓸 수 있는 한글 덕분에 어떤 편리함
을 누리고 있는지 자신의 생각을 씁니다.

점수	채점 기준
16점	한글의 좋은 점을 알고 그 덕분에 오늘날 우리들이 어떤 편리함을 누리는지 구체적으로 씀.
8점	한글의 좋은 점을 알맞게 파악했으나 한글 덕분에 누리는 편리함에 관한 자신의 생각을 구체적으로 쓰지 않음.

2 (1) '나'는 훌라후프를 잘 돌리지 못하여서 운동장
에 나가기 싫었을 것입니다.

점수	채점 기준
10점	글의 내용을 바탕으로 '나'의 행동에 대한 까닭을 씀.
7점	까닭을 알맞게 썼으나 뒤에 이어지는 말과 어울리지 않게 끝냄.

(2) '나'를 응원하는 말을 씁니다.

점수	채점 기준
15점	'나'가 겪고 있는 어려움에 대한 응원을 완성된 문장으로 씀.
10점	알맞은 응원의 말을 완성하지 못한 문장으로 씀.
7점	'나'를 응원하고 있다는 것이 잘 드러나지 않는 응원의 말을 완성된 문장으로 씀.

6. 문장을 읽고 써요

45 ~ 46쪽 　　　　　　　　　　단원평가 **1회**

쪽지시험 **1** 문장 **2** × **3** 낫 **4** 문장의 내용

1 장난을 치고 **2** (2) ○ **3** 예 물을 아끼기 위해서
비누칠을 할 때는 수도꼭지를 잠그면 좋겠다.
4 ㅌ **5** 숯불, 숯불 **6** ① **7** ④
8 ④ **9** (1) ○, (3) ○ **10** 동민

풀이

1 밥을 먹을 때 수저를 던지며 장난을 치고 있습니다.
2 까닭을 밝혀 적으면 자신의 생각을 더 잘 표현할
수 있습니다.
3 그림에 알맞은 자신의 생각을 문장으로 씁니다.

점수	채점 기준
20점	물을 낭비하고 있는 그림 속 문제 상황을 파악하고 알맞은 해결 방법을 생각하여 완성된 문장으로 씀.
10점	문제 상황을 정확하게 파악하지 못하거나, 알맞은 해결 방법을 완성되지 않은 문장으로 씀.

4 '팥'은 받침으로 'ㅌ'이 들어갑니다.
5 '숫불'은 '숯불'이라고 써야 합니다.
6 '저는 소방서에서 일하는 소방관입니다.'라고 자
신을 밝히고 있습니다.
7 낱말 안에서 띄어 읽지 말아야 합니다.
8 장난 전화를 하지 말아 달라고 했습니다.
9 아저씨는 세수를 하고 머리 모양을 만듭니다.
10 문장의 뜻을 생각하며 띄어 읽어야 합니다.

47 ~ 50쪽 　　　　　　　　　　단원평가 **2회**

1 ④ 　　　**2** ㉢ 　　　**3** ㉣, ㉢, ㉡
4 (1) 낮 (2) 낯 **5** ① 　　**6** ㅊ 　　　**7** ⑤
8 빨간색 　　**9** 예 불이 나면 불이 난 건물에서 멀리
떨어진 곳으로 대피하여야 한다. **10** ② 　　　**11** ⑤
12 괜찮은데? **13** ㉣ 　　**14** (1) ② (2) ① (3) ③
15 (얼굴 그림) **16** ③ 　　**17** ③ 　　**18** (1) ○
19 ⑤ 　　　**20** ㉢

풀이

1 그림의 상황에 어울리는 말을 완성된 문장으로 쓴 것을 찾습니다.

2 까닭을 밝혀 자신의 생각을 쓴 것을 고릅니다.

3 '저는 쓰레기를 줄이기 위해 될 수 있으면 일회용 품을 사용하지 말아야겠다고 생각했어요.'라는 문 장을 만들어야 합니다.

4 해가 떠있는 시간대는 '낮', 얼굴은 '낯'입니다.

5 '꽃'은 'ㅊ'이, '맡'에는 'ㅌ'이 들어갑니다.

6 '윷'에는 받침으로 'ㅊ'이 들어갑니다.

7 소방관은 불이 났을 때 소화전에서 물을 끌어다 쓰기 때문에 소화전 근처에 차를 대면 안 됩니다.

8 글에서 소방관은 '소방 용수'라고 적힌 표지판이 있는 곳이나 도로에 빨간색으로 칠해진 곳에서 물 을 끌어다 쓴다고 하였습니다. 그 뒤에 소화전 근 처에 주차를 하지 말라는 말이 이어지므로, 소화전 이 있는 곳의 특징을 설명한 문장이라는 것을 짐작 할 수 있습니다.

9 빠르게 대피하여야 한다고 말하고 있습니다.

점수	채점 기준
10점	🔥 **정답 키워드** 대피 글을 읽고 불이 났을 때의 행동을 알맞게 씀.
7점	불이 난 곳 근처에서 구경하지 않는다 등 구체적이 지 않으나 글에 나타난 내용을 씀.

10 모든 낱말마다 띄어 읽지 않고 문장의 뜻을 생각 하며 띄어 읽었습니다.

11 '멀리'의 반대말은 '가까이'입니다.

15 뜻을 생각하며 띄어 읽은 친구를 찾습니다.

16 '① 앞, ② 꽃집, ④ 옷을, ⑤ 찾아라'라고 씁니다.

17 글자를 소리 나는 대로만 쓰면 읽는 사람이 뜻을 알기 어렵습니다.

18 ⑵는 낱말 안에서 띄어 읽었고, ⑶은 낱말마다 띄 어 읽었으므로 자연스럽지 않습니다.

19 먹으면 피부가 빨개지고 가려워지는 음식이 반찬 으로 나왔습니다.

20 까닭을 밝혀 자신의 뜻을 나타낸 문장을 고릅니 다. ㄹ은 까닭과 생각이 나타나 있지만, 문장이 정 돈되지 않아 뜻을 바로 이해하기 힘듭니다.

51쪽　　　　　　　　**서술형·논술형 문제**

1 ⑴ 에너지 ⑵ 예 에너지를 아끼기 위하여 사용하지 않 는 전자 기기는 꺼두는 습관을 들여야겠다.
2 ⑴ 장난 전화 ⑵ 예 소화전 근처에는 주차를 하지 말아 달라고 부탁하고 있다.

풀이

1 ⑴ 광고를 보고 광고의 의도를 파악합니다.

점수	채점 기준
5점	광고가 하려는 말을 파악하고 정확한 말로 씀.
2점	'전기' 등 에너지와 비슷하지만 광고 내용을 모두 표현할 수는 없는 말을 씀.

⑵ 광고가 하려는 말을 파악하고 자신의 생각이나 느낌을 알맞게 씁니다.

점수	채점 기준
15점	광고가 하려는 말을 정확하게 파악하고 자신의 생 각이나 느낌을 완성된 문장으로 씀.
12점	광고가 하려는 말을 정확하게 파악하고 자신의 생 각이나 느낌을 썼으나 완성된 문장이 아니거나 틀 린 글자가 있음.
3점	광고의 내용과 관련 없는 자신의 생각이나 느낌을 쓰거나, 광고의 내용만 쓰고 자신의 생각이나 느낌 을 쓰지 않음. 또는 광고와 관련된 다른 사람의 생 각이나 느낌을 완성된 문장으로 씀.

2 ⑴ 소방서에 장난 전화를 걸지 말아 달라고 부탁 하였다.

점수	채점 기준
6점	(가)에 나타난 소방관의 부탁을 알맞게 파악하여 씀.
2점	소방관의 부탁을 파악하였으나 틀린 글자가 있음.

⑵ 소방관은 소화전 근처에 차를 대지 말아 달라 는 부탁을 하였다.

점수	채점 기준
14점	소방관의 부탁을 완성된 문장으로 씀.
9점	소방관의 부탁을 알맞게 적었으나 완성된 문장이 아니거나 틀린 글자가 있음.

7. 무엇이 중요할까요

쪽지시험 ❶ 설명 ❷ 제목 ❸ 느낌 ❹ 다양하게

1 하율   **2** ②   **3** ④   **4** 독도
5 ⑤   **6** ②   **7** ③   **8** 수목원
9 ⑴ ①, ③ ⑵ ②, ④   **10** ⑵ ○

풀이

2 하율이가 읽고 있는 글은 만들기를 하는 방법과 순서를 설명하는 글일 것입니다.

3 설명하는 글은 어떤 대상이나 일을 하는 방법 등에 대해 알려 주는 글입니다.

4 독도의 위치, 독도를 이루는 섬 등 독도에 대해 설명하고 있는 글입니다.

5 ⑤는 이야기 글에 해당합니다.

6 문어의 빨판처럼 생겨 유리창과 같이 매끄러운 곳에 무언가를 붙일 때 사용하는 물건이므로 ②가 알맞습니다.

7 민들레씨를 본떠 낙하산을 만들었다는 내용이 글 ㈏에서 알려 주고자 하는 중요한 내용입니다.

9 ①, ③은 글쓴이가 본 일과 한 일이고, ②와 ④가 그에 대한 생각이나 느낌에 해당합니다.

10 상황이나 까닭을 들어 생각이나 느낌을 써 주는 것이 좋습니다. ⑶은 생각이나 느낌이 아닙니다.

1 ⑵ ○   **2** ①, ②   **3** ⑴ ㉠ ⑵ ㉡ ⑶ ㉠
4 ⑤   **5** 도서관에서 책을 빌리는 방법 등
6 ⑴ ② ⑵ ①   **7** ⑤   **8** ⑴ ○ ⑶ ○
9 빛   **10** 사진을 찍을 때 지켜야 할 예의에 대해 설명하고 있다. 등   **11** 필통
12 ①, ③, ②   **13** ③   **14** ⑵ ○   **15** ⑳ 정말 당황스럽고 어이가 없었다.   **16** ㈏   **17** ④
18 ⑤   **19** ⑤   **20** ⑳ 친구랑 놀이도 하니까 수학 공부가 더 흥미롭게 느껴졌다.

풀이

1 설명하는 글은 무엇을 설명하는지, 중요한 내용은 무엇인지, 새롭게 알게 된 것은 무엇인지 생각하며 읽습니다.

3 동도에는 등대와 경비대가 있고 주민을 위한 숙소는 서도에 있습니다.

5 설명하는 대상에 대해 '도서관'보다는 '도서관에서 책을 빌리는 방법'과 같이 구체적으로 답하는 것이 좋습니다.

7 민들레씨, 도꼬마리 열매와 같이 자연에서 좋은 생각을 얻어 만든 물건(낙하산, 단추나 끈보다 더 쉽게 붙였다 떼었다 할 수 있는 물건)에 대해 설명하고 있는 글입니다.

10 '사진을 찍을 때 지켜야 할 예의', '사진을 예의 있게 찍는 방법'과 같이 설명하는 대상을 씁니다.

13 세 번이나 필통을 잃어버린 준수는 엄마에게 혼날까 봐 걱정하면서 그런 자신이 실망스럽고 부끄러울 것입니다.

15 필통에만 신경 쓰다가 알림장을 잃어버린 준수는 당황스러웠을 것입니다.

점수	채점 기준
	🎵 **정답 키워드** 당황스럽다
10점	당황스럽고 어처구니가 없는 준수의 마음을 바르게 짐작하여 씀.
4점	'알림장을 찾을 수가 없었다.'와 같이 일기의 내용으로 어울리지만 준수의 생각이나 느낌이 아닌 내용을 씀.

18 맛있었다는 단순한 표현보다 ㉢이 더 구체적이고 생각과 느낌이 생생하며 실감 납니다.

20 수학 시간에 덧셈 카드 놀이를 한 경험과 관련하여 생각이나 느낌을 씁니다.

점수	채점 기준
	🎵 **정답 키워드** 흥미
10점	'수학 공부'와 '흥미'를 넣어 '수학 공부가 흥미롭게 느껴졌다'는 내용의 생각이나 느낌을 씀.
6점	'수학 공부'와 '흥미'를 넣어 문장을 만들었지만 자연스러운 문장으로 만들지는 못함.
3점	겪은 일과 관련된 내용이지만 생각이나 느낌이 아닌 문장을 씀.

1 독도를 이루는 섬, 독도의 이름 등에 대해 설명하고 있다. 등
2 문어의 빨판을 본떠 만들었다. 등
3 ❶ 은행잎 ❷ 예 은행잎이 꼭 아기 손처럼 예뻤다.
4 ❶ 내 생일 ❷ 미역국 ❸ 소고기 ❹ 예 미역국은 짭조름하고 고소해서 맛있었다.

풀이

1 독도를 이루는 섬, 독도의 이름 등에 대해 설명하고 있습니다.

점수	채점 기준
8점	'독도를 이루는 섬'과 '독도의 이름'을 설명하고 있다고 씀.
5점	'독도를 이루는 섬', '독도의 이름' 중 한 가지만 씀.
3점	앞에 제시된 '독도의 위치'에 대해서만 설명하고 있다고 씀.

2 유리창에 무언가를 붙일 때에 사용하는 물건은 문어의 빨판을 본떠 만들었다는 것이 중요합니다.

점수	채점 기준
10점	'문어의 빨판을 본떠 만들었다.'라고 씀.
5점	'문어를 본떠 만들었다.'라고 씀.

3 표에 있는 생각이나 느낌을 이용하여 문장으로 정리합니다.

점수	채점 기준
10점	❶에 '은행잎'을 쓰고 ❷에 '은행잎이 예뻤다, 아기 손 같았다'와 같이 생각이나 느낌을 씀.
5점	❶에 '은행잎'을 썼지만 ❷에 쓴 생각이나 느낌이 자연스럽지 않음.

4 경험을 떠올려서 미역국의 맛이 어떠할지 다양하게 표현해 봅니다.

점수	채점 기준
10점	❶~❸에 알맞은 낱말을 쓰고 ❹에 미역국의 맛을 자세하고 다양하게 표현하여 씀.
7점	❶~❸에 알맞은 낱말을 썼지만 ❹에 '미역국이 맛있었다'라고 단순하게 표현함.
3점	❶~❸에 알맞은 낱말을 썼지만 ❹에 생각이나 느낌을 표현하지 못함.

8. 느끼고 표현해요

쪽지시험 ❶ 인물 ❷ 있습니다 ❸ 행동 ❹ 존중합니다

1 ② **2** ② **3** ④ **4** ②
5 감기 **6** ① **7** (3) ○
8 브로콜리 **9** ② **10** 예 어떻게 해도 사랑받을 수 없어서 슬프고 서운할 것이다.

풀이

1 시나 이야기에 등장하여 사람처럼 말과 행동을 하는 모든 이는 인물에 해당합니다.

2 개미와 비둘기가 사람처럼 말하고 행동합니다.

4 준이와 싸워 화가 난 표정으로 ②가 알맞습니다.

7 감기에 걸려 누워 있는 '나'는 연필, 공책, 가방도 감기에 걸려 '나'와 같이 누워 있다고 생각합니다.

10 사랑받을 수 없다고 생각한 브로콜리의 마음을 짐작해 봅니다.

점수	채점 기준
16점	사랑받을 수 없어서 슬프고 서운한 브로콜리의 마음에 대해 씀.
8점	슬프고 서운한 마음에 대해 썼지만 그 까닭을 밝히지 않음.

1 ④ **2** 예 준이가 없어서 쓸쓸하다.
3 예 **4** 나, 동생 **5** ③

6 ⑤ **7** (1) ○ (3) ○ **8** ①, ③ **9** ②
10 예 스스로 사랑받을 수 있다는 것 **11** ④
12 ㉡, ㉢, ㉣, ㉠ **13** (2) ○ **14** ②
15 ⑤ **16** 예 남의 것을 탐내서 벌을 받은 거예요. 앞으로는 욕심을 버리고 백성을 위해 좋은 일을 했으면 좋겠어요. **17** (3) ○ **18** (2) ○ (3) ○
19 ③ **20** 예 너무 추워서 몸을 잔뜩 웅크리고 빠른 걸음으로 학교에 가는 아이의 모습이 떠오른다.

풀이

1 도둑이 훔쳐 간 맷돌은 이야기의 중요한 소재이지만 말하고 행동하는 인물은 아닙니다.

3 준이와 싸워서 허전하고 쓸쓸했던 송이는 준이의 쪽지를 보고 기쁜 표정을 지었을 것입니다.

6 동생이 재채기를 하거나 놀라 깨어나야 하는데 아무런 반응이 없어서 이상하게 생각하고 있습니다.

8 '나'는 사랑받기 위해 소시지와 라면을 따라 해 보았습니다.

10 '나'는 소시지나 라면을 따라 하지 않아도 스스로 아이들에게 사랑받을 수 있다는 것을 알게 되었을 것입니다.

14 요술 항아리를 집으로 가져가 버린 원님은 요술 항아리를 자신이 가져야겠다고 생각하였을 것입니다.

16 욕심을 부린 원님에게 할 말을 생각해 봅니다.

점수	채점 기준
10점	🔑 정답 키워드 욕심 욕심을 부리지 말고 착하게 살라는 말과 같이 원님이 한 일과 관련하여 하고 싶은 말을 씀.
5점	'원님은 욕심이 많다.'와 같이 직접 원님에게 하는 말로 쓰지 못함.

17 ㉠은 청년이 다른 사람에 대해 함부로 말하는 것을 뜻하므로 이와 관련된 예로는 (3)과 같이 다른 사람에 대해 나쁘게 말하는 경우가 알맞습니다.

18 말을 함부로 하는 청년에게 말을 조심히 해야 한다는 충고를 할 수 있습니다.

19 ③은 말이 순식간에 멀리 퍼진다는 뜻으로 말을 조심해야 함을 뜻하는 속담입니다. ④는 어떤 일이 우연히 관계가 있는 것처럼 일어난 경우를 뜻하는 속담입니다.

20 시 속 인물은 추운 날 몸을 잔뜩 웅크리고 학교에 가고 있습니다.

점수	채점 기준
10점	추운 날 몸을 움츠린 모습에 대해 자세하게 씀.
5점	'학교에 가는 아이의 모습'과 같이 몸을 움츠린 모습에 대해서는 쓰지 못함.

67쪽 **서술형 · 논술형 문제**

1 예

2 ❶ 밭, ❷ 그 항아리(요술 항아리)

3 (1) 예 요술 항아리를 농부에게 주고 욕심을 부린 대감을 혼내 주었을 것이다.
(2) 예 항아리의 주인을 알 수 없으니 자기가 보관하겠다며 요술 항아리를 가져갈 것이다.

풀이

1 '어라, 이게 아닌데.'라고 말하며 이상하게 생각하는 아이의 표정을 동그랗게 뜬 눈 등으로 그려 볼 수 있습니다.

점수	채점 기준
10점	눈과 입 모양으로 놀란 표정이나 이상하게 생각하는 표정이 잘 드러나게 그림.
5점	눈과 입 모양 등으로 얼굴을 그렸지만 놀란 표정이나 이상하게 생각하는 표정이 잘 느껴지지 않음.

2 농부에게 '밭'만 팔았지 '항아리(요술 항아리)'는 팔지 않았다고 말한 답안만 정답으로 합니다.

3 (1)과 같이 생각한 원님은 요술 항아리의 주인이 농부라고 판결할 것입니다.

점수	채점 기준
8점	요술 항아리의 주인이 농부라고 판결한다는 내용을 씀.
4점	'공정하게 판결을 내린다.'와 같이 판결의 구체적인 내용을 드러내지는 못함.

(2)와 같이 생각한 원님은 요술 항아리를 자신이 가지려고 욕심을 부릴 것입니다.

점수	채점 기준
8점	'요술 항아리를 원님이 차지할 것이다.'와 같은 내용을 씀.
4점	'자기 욕심만 부린다.'와 같이 욕심을 부리는 구체적인 방법을 쓰지는 못함.
2점	'욕심을 부리다 벌을 받는다.'와 같이 원님의 판결이 아닌 이야기의 내용을 씀.

68 ~ 71쪽			2학기 총정리 1회

1 ⑤　　　　**2** ④, ⑤　　　**3** ③　　　　**4** ④
5 (2) ○　　　**6** ②　　　　**7** ㉡　　　　**8** (3) ○
9 ㉡　　　　**10** ⓔ 마을 사람들은 양치기 소년이 또 거짓말을 한다고 생각했기 때문이다.　　**11** ④
12 (1) 모음자 (2) 첫 자음자 (3) 받침　　　**13** ③
14 (2) ○　　　**15** 준혁　　　**16** ②　　　**17** 숙소
18 ④　　　**19** 소　　　**20** (2) ○

풀이

2 기쁜 표정으로 웃고 있으므로 '행복해요'나 '즐거워요', '기뻐요' 등이 어울립니다.

3 '없다'와 같이 알맞은 겹받침으로 고쳐 써야 합니다.

5 글쓴이는 사용한 물건을 제자리에 두어야 한다고 생각합니다.

7 있었던 일에 대한 생각이나 느낌을 쓴 부분은 '사과를 직접 따 보니 정말 재미있었다.'입니다.

8 양치기 소년은 늑대가 나타났다고 거짓말했습니다.

9 '이튿날'은 다음 날을 뜻하는 말로, 시간을 나타내는 말에 해당합니다.

10

점수	채점 기준
15점	양치기 소년이 거짓말을 한다고 생각했기 때문이라는 내용이 뚜렷이 드러나게 정확한 문장을 썼습니다.
10점	양치기 소년이 거짓말을 한다고 생각했기 때문이라는 내용이지만 틀린 표현이나 글자가 있습니다.
5점	양치기 소년 때문이라고 간단하게만 썼습니다.

12 '곰'은 '감'의 모음자를 바꾼 글자, '밤'은 '감'의 첫 자음자를 바꾼 글자, '갓'은 '감'의 받침을 바꾼 글자입니다.

14 희진이는 민지가 사과를 받아 주지 않아 곤란해하고 있습니다.

15 뜻이 잘 드러나게 띄어 읽은 친구는 준혁입니다.

16 배가 섬에 닿아 사람들이나 물자를 오르내릴 수 있게 만든 것을 '부두'라고 합니다.

17 서도에는 주민을 위한 숙소가 있습니다.

18 독도에 대해 알게 된 점을 생각하며 읽습니다.

20 말을 함부로 하는 청년에게 해 줄 말을 찾습니다.

72 ~ 75쪽			2학기 총정리 2회

1 (1) 졸졸 (2) 야옹 (3) 둥실둥실　　　　**2** ③
3 ②　　　**4** (3) ○　　　**5** ②　　　**6** (1) ○
(2) ○　　　**7** ㉠, ㉢　　　**8** (2) ○　　　**9** 반찬
/ 음식 등　　　**10** ㉠　　　**11** ②　　　**12** (3) ○
13 정은　　　**14** ㉮　　　**15** ①　　　**16** 허락
17 ㉢　　　**18** ④　　　**19** ⓔ 겪은 일을 더 자세히 쓴다. / 생각이나 느낌을 자세하게 나타낸다.　　**20** ㉢

풀이

2 용돈이 생겼을 때 '무서운' 기분은 어울리지 않습니다.

3 겹받침을 알맞게 쓴 것은 '여덟'입니다.

4 참외씨는 달고 맛있는 참외가 되는 것이 꿈입니다.

5 '넓고'는 [널꼬]로 소리 내어 읽습니다.

6 직접 겪은 일을 쓴 그림일기입니다.

7 발표를 할 때에는 듣는 사람을 바라보며 허리를 펴고 바르게 섭니다.

8 서윤이는 미역무침을 맛있게 먹었습니다.

9 주원이가 반찬을 골고루 먹자 선생님께서 칭찬해 주셨습니다.

10 '용기'는 '겁이 없고 씩씩한 기운.'을 뜻합니다.

12 '나'는 훌라후프 없이도 훌라후프가 있다고 생각하면서 허리를 움직였습니다.

13 '나'는 훌라후프를 잘 돌리지 못하므로, 동민이가 말한 내용은 알맞지 않습니다.

14 영화관에서 휴대 전화를 보고 있는 모습을 문제라고 생각하였습니다.

15 ①에서 띄어 읽으면 뜻이 잘 드러나지 않습니다.

16 다른 사람을 찍을 때에는 '허락'을 받습니다.

17 ㉢ 다음에 나온 글의 내용과 민수의 경험이 어울립니다.

18 사진을 찍을 때의 예의에 대한 내용입니다.

19

점수	채점 기준
15점	예시 답안과 같이 고칠 점을 정확한 문장으로 썼습니다.
5점	'더 길게 쓴다'와 같이 핵심 답안과 거리가 먼 내용을 썼습니다.

수 학

1. l00까지의 수

79쪽	쪽지시험
1 (1) 70 (2) 90	**2** 57
3 64	**4** ⑤
5 9l	**6** (1) < (2) >
7 (1) 짝 (2) 홀	**8** 55
9 66	**10** 칠십, 일흔

10 69보다 l만큼 더 큰 수는 70이고 70은 칠십 또는 일흔이라고 읽습니다.

80 ~ 82쪽	단원평가 1회
1 8	**2** l, l0
3 70	**4** 작습니다에 ○표
5 70, 7l	**6** (1) < (2) >
7 (왼쪽부터) 85, 87	**8** 75 ; 일흔다섯
9	**10** ㉡
	11 ④
	12 80, 8l, 3 ; 3
13 96	**14** 민수
15 5, 3, 53 ; 53	**16** 60
17 87, 72, 69	**18** 구십육, 아흔여섯
19 87	**20** 7, 8, 9, 2 ; 2

6 (1) l0개씩 묶음이 73은 7개, 98은 9개이므로 73<98입니다.
   (2) l0개씩 묶음이 같고, 낱개가 88은 8개, 84 는 4개이므로 88>84입니다.

7 86보다 l만큼 더 작은 수는 86 바로 앞에 있는 수인 85이고 86보다 l만큼 더 큰 수는 86 바로 다음에 오는 수인 87입니다.

8 구슬의 수는 l0개씩 묶음 7개와 낱개 5개이므로 75입니다. 75는 칠십오 또는 일흔다섯이라고 읽습니다.

9 60은 육십 또는 예순이라고 읽습니다.
70은 칠십 또는 일흔이라고 읽습니다.
80은 팔십 또는 여든이라고 읽습니다.
90은 구십 또는 아흔이라고 읽습니다.

10 짝수는 2, 4, 6, 8, 0으로 끝나고 홀수는 l, 3, 5, 7, 9로 끝나므로 ㉠, ㉢은 짝수이고 ㉡은 홀수입니다.

11 ① 90 ② 90 ③ 90 ④ 60 ⑤ 90

12
점수	채점 기준
6점	풀이 과정을 완성하여 두 수 사이의 수를 찾아 답을 바르게 구함.
3점	풀이 과정을 완성했지만 일부가 틀림.

13 l0개씩 묶어 세면 l0개씩 묶음 9개와 낱개 6개이므로 96입니다.

14 민수는 65개, 정수는 48개 주웠고 65>48이므로 민수가 밤을 더 많이 주웠습니다.

15
점수	채점 기준
8점	풀이 과정을 완성하여 큰 초와 작은 초의 수를 세어 답을 바르게 구함.
5점	풀이 과정을 완성했지만 일부가 틀림.

16 l0개씩 묶음 6개는 60이므로 거스름돈은 60원입니다.

17 l0개씩 묶음이 87은 8개, 69는 6개, 72는 7개이므로 가장 큰 수는 87이고 가장 작은 수는 69입니다. 따라서 큰 수부터 차례로 쓰면 87, 72, 69입니다.

18 l0개씩 묶음 7개와 낱개 26개에서 낱개 26개는 l0개씩 묶음 2개와 낱개 6개와 같습니다.
➡ l0개씩 묶음 7+2=9(개)와 낱개 6개
➡ 96(구십육, 아흔여섯)

19 80보다 크고 90보다 작으므로 8□입니다.
8□에서 □보다 l 큰 수가 8이므로 □=7입니다. 따라서 조건을 모두 만족하는 수는 87입니다.

20
점수	채점 기준
10점	풀이 과정을 완성하여 ●에 알맞은 수를 찾아 답을 바르게 구함.
5점	풀이 과정을 완성했지만 일부가 틀림.

83 ~ 85쪽 · 단원평가 2회

1 6 **2** <
3 칠십칠, 일흔일곱 **4** (1) 80, 81 (2) 95
5 6, 4 ; 64 **6**
7 67에 ○표, 65에 △표
8 (위부터 순서대로) 77, 78, 80, 85, 86
9 60
10 > ; 92는 89보다 큽니다.
　　또는 89는 92보다 작습니다.
11 영어 **12** 67, 65
13 99
14 ⑩ 오늘 줄넘기를 59번 했습니다.
15 85 **16** 3
17 64, 85, 78, 78 ; 78
18 7, 8, 9에 ○표 **19** 63, 1, 64 ; 64
20 ㉡

7 66보다 1만큼 더 작은 수는 66 바로 앞에 있는
수인 65이고 66보다 1만큼 더 큰 수는 66 바로
다음에 오는 수인 67입니다.

10

점수	채점 기준
6점	🔑 정답 키워드 92 > 89 두 수의 크기 비교를 바르게 읽음.
3점	크기 비교를 바르게 읽지 못함.

11 56 > 47이므로 영어를 더 많이 공부했습니다.

12 홀수는 65와 67이고 65가 67보다 작습니다.

13 98−99−100이므로 98과 100 사이의 수
는 99입니다.

14

점수	채점 기준
6점	🔑 정답 키워드 59 59를 넣어 상황에 맞게 문장을 만듦.
3점	만든 문장이 상황에 맞지 않음.

15 10개씩 묶음 8봉지와 낱개 5개는 85입니다.
따라서 승아가 산 사탕은 85개입니다.

16 89−90−91−92−93이므로 89보다 크고
93보다 작은 수는 90, 91, 92로 모두 3개입니다.

17

점수	채점 기준
8점	풀이 과정을 완성하여 조건에 맞는 답을 바르게 찾음.
5점	풀이 과정을 완성했지만 일부가 틀림.

18 63 < 61(×), 63 < 71(○), 63 < 81(○),
63 < 91(○)이므로 □ 안에 알맞은 수는 7, 8,
9입니다.

19

점수	채점 기준
8점	풀이 과정을 완성하여 답을 바르게 찾음.
5점	풀이 과정을 완성했지만 일부가 틀림.

20 10개씩 묶음이 7□는 7개, 8□는 8개, 79는
7개, 6□는 6개입니다. 따라서 10개씩 묶음이
8개인 ㉡ 8□가 가장 큰 수입니다.

86 ~ 88쪽 · 단원평가 3회

1 87
2 (1) 큽니다에 ○표 (2) 작습니다에 ○표
3 97, 99, 100 **4** >
5 수민 **8**
6 100, 백
7 90, 87에 ○표
9 >
10 ⑩ 동생이 태어난 지 100일이 되었습니다.
11 6, 5 **12** ㉢
13 77, 75, 69 **14** 3
15 진우 **16** 오십이, 쉰둘
17 58, 59, 58 ; 58
18 9, 4, ●, 5, 6, 7, 8, 9, 5 ; 5
19 60 **20** 3

6 99보다 1만큼 더 큰 수를 100이라 하고 백이
라고 읽습니다.

7 84와 91 사이의 수는 85, 86, 87, 88, 89,
90입니다.

9 일흔일곱은 77이므로 85 > 77입니다.

10

점수	채점 기준
6점	🔑 정답 키워드 100 100을 넣어 상황에 맞게 문장을 만듦.
3점	만든 문장이 상황에 맞지 않음.

11 구슬을 10개씩 묶어 세어 보면 10개씩 묶음 6개와 낱개 5개이므로 6봉지에 담고 5개가 남습니다.

12 67-68-69-70-71-72-73이므로 일흔하나(71)가 들어갈 곳은 ㉢입니다.

13 10개씩 묶음이 75와 77은 7개, 69는 6개이므로 가장 작은 수는 69입니다. 75와 77의 낱개를 비교하면 5개와 7개이므로 가장 큰 수는 77입니다. 따라서 큰 수부터 차례로 쓰면 77, 75, 69입니다.

14 54-55-56-57-58이므로 54번과 58번 사이에 있는 학생은 3명입니다.

15 마흔두 장은 42장, 예순 장은 60장입니다. 따라서 42<60이므로 색종이를 더 많이 가지고 있는 사람은 진우입니다.

16 10개씩 묶음 4개와 낱개 12개는 10개씩 묶음 5개와 낱개 2개와 같으므로 52이고 52를 오십이 또는 쉰둘이라고 읽습니다.

17

점수	채점 기준
8점	풀이 과정을 완성하여 조건에 맞는 답을 바르게 찾음.
5점	풀이 과정을 완성했지만 일부가 틀림.

18

점수	채점 기준
8점	풀이 과정을 완성하여 조건에 맞는 답을 바르게 찾음.
5점	풀이 과정을 완성했지만 일부가 틀림.

19 은수네 모둠은 10송이씩 묶음 5개와 낱개 9송이인 59송이를 심었습니다. 따라서 수정이네 모둠은 59보다 1만큼 더 큰 수가 60이므로 60송이 심었습니다.

20 75보다 큰 수는 10개씩 묶음의 수가 7이거나 7보다 큰 수이므로 만들 수 있는 수는 79, 91, 97로 모두 3개입니다.

1 현웅 ; 예 90보다 10만큼 더 큰 수야.

2 9, 6, 연아 ; 연아

3 예 홀수는 1, 3, 5, 7, 9로 끝나는 수이므로 5로 끝나는 수를 만들어야 합니다. 따라서 만들 수 있는 홀수는 25, 85입니다. ; 25, 85

4 예 딸기를 엄마는 45개 땄고 45보다 1 작은 수는 44, 44보다 1 작은 수는 43이므로 은서가 딴 딸기는 43개입니다. ; 43

1

점수	채점 기준
8점	🔑 정답 키워드 100 답을 찾고 100을 바르게 설명함.
3점	답만 맞음.

2

점수	채점 기준
8점	풀이 과정을 완성하여 수의 크기를 비교하여 답을 바르게 찾음.
5점	풀이 과정을 완성했지만 일부가 틀림.

3 홀수를 만들려면 수 카드 중 5가 몇십몇의 낱개의 수가 되어야 합니다.

점수	채점 기준
10점	🔑 정답 키워드 홀수 홀수를 알고 주어진 수 카드로 홀수를 모두 바르게 만듦.
6점	홀수에 대해 알고 있으나 만드는 과정에서 실수하여 답이 틀림.
4점	홀수에 대해 완벽하게 알지 못하여 답을 구하지 못함.

4 2만큼 더 작은 수는 1만큼 더 작은 수를 이용합니다.
45보다 1만큼 더 작은 수 → 44
44보다 1만큼 더 작은 수 → 43

점수	채점 기준
10점	🔑 정답 키워드 2 작은 수 엄마가 딴 딸기 수를 알고 그 수보다 2만큼 더 작은 수를 바르게 구함.
6점	엄마가 딴 딸기 수는 알고 있으나 그 수보다 2만큼 더 작은 수를 구하는 과정에서 실수하여 답이 틀림.
4점	엄마가 딴 딸기 수는 알고 있으나 2만큼 더 작은 수를 구하는 방법을 몰라 답을 구하지 못함.

2. 덧셈과 뺄셈(1)

1 9	**2** 2	**3** (1) 8 (2) 4
4 10	**5** 3	**6** 10
7 5	**8** 13	**9** 14
10 (1) 18 (2) 16		

10 (1) $1+9+8=18$

(2) $6+7+3=16$

1 1
2 (계산 순서대로) 8, 9, 9
3 ( ) (○)
4 ✕
5 15
6 6
7 2
8 10
9 ✕
10 6, 10
11 8, 2
12 $2+8+3=13$
13 ④
14 $10-3=7$; 7
15 10

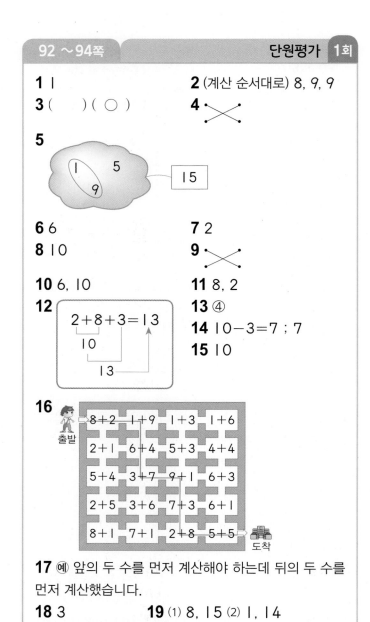

16

17 예 앞의 두 수를 먼저 계산해야 하는데 뒤의 두 수를 먼저 계산했습니다.

18 3
19 (1) 8, 15 (2) 1, 14
20 예 $8+1+9=18$; 18

10 4에서 6만큼 더 가서 10이 되었습니다.
➡ $4+\boxed{6}=\boxed{10}$

11 10에서 8만큼 되돌아오면 2가 됩니다.
➡ $10-\boxed{8}=\boxed{2}$

12 앞의 두 수를 먼저 더해 10을 만들고 나머지 한 수를 더합니다.

13 ① $5-2-2=1$ ② $8-6-1=1$
③ $7-3-4=0$ ④ $9-3-4=2$
⑤ $6-2-3=1$

14

점수	채점 기준
8점	식 $10-3=7$을 쓰고 답을 바르게 구했음.
4점	식 $10-3$만 썼음.
4점	답 7만 썼음.

15 (어제와 오늘 읽은 동화책 쪽수)
=(어제 읽은 쪽수)+(오늘 읽은 쪽수)
=$6+4=10$(쪽)

16 합이 10이 되는 덧셈식은 $1+9=10$,
$2+8=10$, $3+7=10$, $4+6=10$,
$5+5=10$, $6+4=10$, $7+3=10$,
$8+2=10$, $9+1=10$입니다.

17

점수	채점 기준
10점	정답 키워드 뒤의 두 수 뒤의 두 수를 먼저 계산해서 틀렸다는 내용을 포함하여 이유를 바르게 썼음.
5점	이유를 썼으나 미흡함.

18 가장 큰 수 9에서 나머지 수 2와 4를 뺍니다.
➡ $9-2-4=3$(또는 $9-4-2=3$)

19 (1) $5+2+8=5+10=15$
(2) $1+9+4=10+4=14$

20 도하의 구슬 수와 형과 누나에게 받은 구슬 수를 더합니다.

점수	채점 기준
10점	식을 바르게 쓰고 답을 구했음.
5점	답만 구했음.

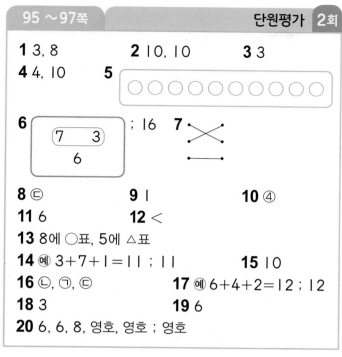

| 95 ~ 97쪽 | | 단원평가 **2**회 |

1 3, 8   **2** 10, 10   **3** 3
4 4, 10   **5** ○○○○○○○○○○
6 [7 3 / 6] ; 16   **7** (선 긋기)
8 ㉢   **9** 1   **10** ④
11 6   **12** <
13 8에 ○표, 5에 △표
14 예 3+7+1=11 ; 11   **15** 10
16 ㉡, ㉠, ㉢   **17** 예 6+4+2=12 ; 12
18 3   **19** 6
20 6, 6, 8, 영호, 영호 ; 영호

7 5+2+8=5+10=15
6+4+8=10+8=18
4+9+1=4+10=14

8 7+3=10,
㉠ 5+4=9 ㉡ 6+3=9 ㉢ 1+9=10

9 9-3-5=6-5=1

10 ④ 6+3=9

11 가장 큰 수는 10, 가장 작은 수는 4입니다.
➡ 10-4=6

13 2+⑧=10, 5+△=10

14 세 수의 덧셈식을 만드는 문제에서 더하는 세 수의 순서가 바뀌어도 정답으로 인정합니다.

점수	채점 기준
8점	식 3+7+1=11을 쓰고 답을 바르게 구했음.
4점	식 3+7+1만 썼음.
4점	답 11만 썼음.

15 참새가 7마리 있고 3마리가 더 날아왔으므로 나무 위에 있는 참새는 모두 7+3=10(마리)입니다.

16 ㉠ 4+6+3=13   ㉡ 5+5+5=15
㉢ 2+1+9=12
➡ 15>13>12이므로 계산 결과가 큰 것부터 차례로 기호를 쓰면 ㉡, ㉠, ㉢입니다.

17 세 수의 덧셈식을 만드는 문제에서 더하는 세 수의 순서가 바뀌어도 정답으로 인정합니다.

점수	채점 기준
10점	식 6+4+2=12를 쓰고 답을 바르게 구했음.
5점	식 6+4+2만 썼음.
5점	답 12만 썼음.

18 8-3=5이므로 5-□=2입니다. 5에서 3을 빼면 2가 되므로 □ 안에 알맞은 수는 3입니다.

19 승기가 오늘 만든 종이학의 수를 □라고 하면 4+□=10입니다. 4와 더해서 10이 되는 수는 6이므로 승기가 오늘 만든 종이학은 6개입니다.

20 민지, 영호, 성우가 들고 있는 덧셈식의 합을 각각 구한 뒤 민지와 합이 같은 사람을 찾습니다.

점수	채점 기준
12점	풀이 과정을 완성하여 민지의 짝꿍이 누구인지를 바르게 구했음.
6점	풀이 과정을 완성했지만 일부가 틀림.

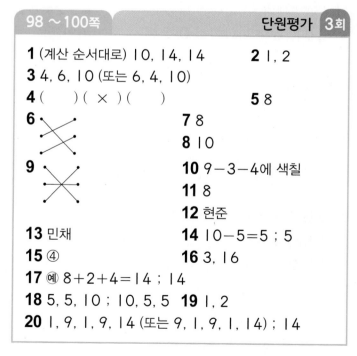

| 98 ~ 100쪽 | | 단원평가 **3**회 |

1 (계산 순서대로) 10, 14, 14   **2** 1, 2
3 4, 6, 10 (또는 6, 4, 10)
4 ( )(×)( )   **5** 8
6 (선 긋기)   **7** 8
8 10
9 (선 긋기)   **10** 9-3-4에 색칠
11 8
12 현준
13 민채   **14** 10-5=5 ; 5
15 ④   **16** 3, 16
17 예 8+2+4=14 ; 14
18 5, 5, 10 ; 10, 5, 5   **19** 1, 2
20 1, 9, 1, 9, 14 (또는 9, 1, 9, 1, 14) ; 14

6 합이 10이 되는 두 수
➡ (1, 9), (2, 8), (3, 7), (4, 6), (5, 5)

7 단추는 모두 10개이고 그중에서 2개가 떨어졌으므로 남은 단추는 10-2=8(개)입니다.

8 8번째에서 2번 더 뛰었으므로 8에서 2개의 수를 이어 세어 봅니다. 8하고 9, 10이므로 개구리는 8+2=10(번째) 연잎에 갔습니다.

10 $8-2-1=5$, $9-3-4=2$
$$5>2$$

11 가장 큰 수 10에서 가장 작은 수 2를 뺍니다.
➡ $10-2=8$

12 6과 4를 더하면 10이 됩니다. 수 카드 4를 가지고 있는 사람은 현준이입니다.

13 ・기훈, 현준: $6+4=10$
・영아, 남경: $7+3=10$
➡ $5+5=10$이므로 민채는 다른 학생이 가지고 있는 수 카드와 더해서 10을 만들 수 없습니다.

14

점수	채점 기준
8점	식 $10-5=5$를 쓰고 답을 바르게 구했음.
4점	식 $10-5$만 썼음.
4점	답 5만 썼음.

15 첫 번째와 두 번째에 나온 눈의 합은 $4+2=6$입니다. 6과 더하여 10이 되는 수는 4이므로 세 번째로 나온 눈은 4입니다.

16 7과 더하여 10이 되는 수는 3입니다.
➡ $7+③+6=10+6=16$

17 세 수의 덧셈식을 만드는 문제에서 더하는 세 수의 순서가 바뀌어도 정답으로 인정합니다.

점수	채점 기준
10점	식 $8+2+4=14$를 쓰고 답을 바르게 구했음.
5점	식 $8+2+4$만 썼음.
5점	답 14만 썼음.

18 공깃돌 10개 중 5개를 꺼냈으므로 남아 있는 공깃돌은 5개입니다.

19 $9-1=8$이므로 $8-\square>5$입니다. □ 안에 1부터 차례로 넣어 보면 $8-1=7$, $8-2=6$, $8-3=5$ ……이므로 □ 안에 들어갈 수 있는 수는 1, 2입니다.

20

점수	채점 기준
10점	풀이 과정을 완성하여 합을 바르게 구했음.
5점	풀이 과정을 완성했지만 일부가 틀림.

101쪽	서술형·논술형 문제

1 $8-4-1=3$; 3
2 13, 열, 16, 공, 열공 ; 열공
3 (1) $10-6=4$; 4
(2) ⑩ 6이 4보다 크므로 김밥을 만드는 데 사용한 달걀이 더 많습니다. ; 김밥

1 내리고 남은 사람 수를 구해야 하므로 **뺄셈식**을 만들어 계산합니다.

점수	채점 기준
6점	식 $8-4-1=3$을 쓰고 답을 바르게 구했음.
3점	식 $8-4-1$만 썼음.
3점	답 3만 썼음.

2 먼저 10이 되는 두 수를 더한 뒤 나머지 한 수를 더합니다.
$$3+3+7=13, \quad 8+2+6=16$$
$$10 \qquad\qquad 10$$
$$13 \qquad\qquad 16$$

점수	채점 기준
10점	풀이 과정을 완성하여 합의 글자를 바르게 구했음.
5점	풀이 과정을 완성했지만 일부가 틀림.

3 샌드위치를 만드는 데 사용한 달걀은
$10-6=4$(개)이므로 김밥을 만드는 데 사용한 달걀이 더 많습니다.

점수	채점 기준
20점	🔑 **정답 키워드** 김밥, 더 많습니다 (1)의 식과 답, (2)의 풀이 과정과 답을 바르게 구했음.
12점	(1)의 식과 답을 바르게 구했지만 (2)의 풀이 과정에서 일부가 틀림.
8점	(1)의 식과 답만 바르게 구했음.
4점	(1)의 식만 썼음.

3. 모양과 시각

103쪽	쪽지시험

1 (○)( )( )(○)

2 ( )( )(○)   **3** (○)( )( )

4 (○)( )( )   **5** 3

6 4시에 ○표   **7** 9, 30

8
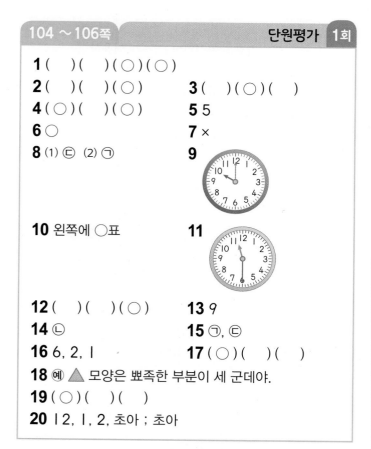

9 ( )(○)

10 3

9 짧은바늘이 7과 8의 가운데, 긴바늘이 6을 가리키는 시계를 찾습니다.

10 짧은바늘이 3, 긴바늘이 12를 가리키면 시계는 3시를 나타냅니다.

104 ~ 106쪽	단원평가 1회

1 ( )( )(○)(○)

2 ( )( )(○)   **3** ( )(○)( )

4 (○)( )(○)   **5** 5

6 ○   **7** ×

8 ⑴ ㉢ ⑵ ㉠   **9** (시계 그림)

10 왼쪽에 ○표   **11** (시계 그림)

12 ( )( )(○)   **13** 9

14 ㉡   **15** ㉠, ㉢

16 6, 2, 1   **17** (○)( )( )

18 예 ▲ 모양은 뾰족한 부분이 세 군데야.

19 (○)( )( )

20 12, 1, 2, 초아 ; 초아

5 짧은바늘이 5, 긴바늘이 12를 가리키므로 5시입니다.

6 2시 ⇨ 짧은바늘이 2, 긴바늘이 12를 가리키도록 그렸으므로 ○표 합니다.

7 10시 ⇨ 짧은바늘이 10, 긴바늘이 12를 가리키도록 그려야 하는 데 바꿔 그렸으므로 ×표 합니다.

8 ⑴ 6시 ⑵ 11시

9 열 시는 10시이므로 짧은바늘은 10, 긴바늘은 12를 가리키도록 그립니다.

10 2시 30분 ⇨ 짧은바늘이 2와 3의 가운데, 긴바늘이 6을 가리키는 시계는 왼쪽입니다.
오른쪽 시계는 3시 30분을 나타냅니다.

11 짧은바늘이 11과 12의 가운데, 긴바늘이 6을 가리키도록 그립니다.

12 ■, ▲ 모양을 이용하여 꾸몄습니다.
따라서 이용하지 않은 모양은 ● 모양입니다.

13 ■ 모양은 9개입니다.

14 시계는 ● 모양의 물건입니다.

15 옷걸이, 삼각 김밥은 ▲ 모양의 물건입니다.

16 ■ 모양은 6개, ▲ 모양은 2개, ● 모양은 1개입니다.

17 ■ 모양은 6개, ▲ 모양은 2개, ● 모양은 1개입니다.
따라서 가장 많이 이용한 모양은 ■ 모양입니다.

18 ▲ 모양은 뾰족한 부분이 세 군데입니다.

점수	채점 기준
8점	정답 키워드 ▲ 모양 / 세 군데 틀린 부분을 찾아 바르게 고침.
4점	틀린 부분을 찾지 못해서 바르게 고치지 못함.

19 ▲, ● 모양을 이용하여 꾸몄습니다.
따라서 이용하지 않은 모양은 ■ 모양입니다.

20
점수	채점 기준
10점	풀이 과정을 완성하여 점심을 1시에 먹은 사람을 바르게 구했음.
5점	풀이 과정을 완성했지만 일부가 틀림.

1 (○)(○)( )( )

2 ( )(○)( )   **3** 3, 30

4 ( )(○)( )   **5** ● 에 ○표

6 ▲ 에 ○표   **7** ( )( )(○)

8 4   **9** ㉢

10 ㉡, ㉣   **11** 7

12 ⑤   **13** ㉡, ㉢

14 ㉠, ㉣   **15** 진주

16 2, 3, 4   **17** ( )( )(○)

18

   ; ㉮ 일요일 아침 8시 30분에 놀이동 산에 가고 싶어요.

19 ㅣ7, 5, ㅣ2, 5, ㅣ2, 5 ; 5

20 2, ㅣ, 2, ㅣ, ㅣ ; ㅣ

4 디지털시계가 4시 30분을 나타내고 있으므로 짧은바늘이 4와 5의 가운데, 긴바늘이 6을 가리 키고 있는 시계를 찾습니다.

7 ▆, ▲ 모양을 이용하여 꾸몄습니다.

8 ▆ 모양은 4개입니다.

9 트라이앵글은 ▲ 모양의 물건입니다.

10 서류봉투, 수첩은 ▆ 모양의 물건입니다.

11 짧은바늘이 7, 긴바늘이 ㅣ2를 가리키므로 7시 입니다.

12 ① ② ③ ④ ⑤

13 ▲ 모양은 뾰족한 부분이 세 군데입니다.
따라서 뾰족한 부분이 세 군데인 모양을 모두 찾 습니다.

14 ● 모양은 뾰족한 부분이 없습니다.
따라서 뾰족한 부분이 없는 모양을 모두 찾습니다.

15 ▆ 모양은 뾰족한 곳이 네 군데이므로 ▆ 모양에 대해 바르게 이야기한 사람은 진주입니다.

16 ▆ 모양은 2개, ▲ 모양은 3개, ● 모양은 4개 입니다.

17 ▆ 모양은 2개, ▲ 모양은 3개, ● 모양은 4개 입니다.
따라서 가장 많이 이용한 모양은 ● 모양입니다.

18

점수	채점 기준
8점	시각에 맞게 나타내고 하고 싶은 일을 썼음.
4점	시각에 맞게 나타내고 하고 싶은 일을 썼으나 미 흡함.

19

점수	채점 기준
10점	풀이 과정을 완성하여 시계가 나타내는 시각을 바 르게 구했음.
5점	풀이 과정을 완성했지만 일부가 틀림.

20 서우가 이용한 ▲ 모양은 2개이고, 진하가 이용 한 ▲ 모양은 ㅣ개입니다. 서우가 이용한 ▲ 모양 의 수에서 진하가 이용한 ▲ 모양의 수를 뺍니다.

점수	채점 기준
10점	풀이 과정을 완성하여 서우가 이용한 ▲ 모양은 진하가 이용한 ▲ 모양보다 몇 개 더 많은지 구했 음.
5점	풀이 과정을 완성했지만 일부가 틀림.

1 ㅣ   **2** ③

3 ㉠, ㉢   **4** 3

5 ○   **6** ▲ 에 ○표

7 ( )(○)   **8** (○)( )( )

9 ( )(△)( )   **10** ( )( )(○)

11 (1) ㉠ (2) ㉢

12 ㉡, ㉣ ; ㉠, ㉻ ; ㉢, ㉺

13

시작한 시각   끝난 시각

14 ( )(○)( )
15 ⑴ (○)( )( ) ⑵ (○)(○)( )
16 5, 30   **17** △, ■, ●
18 민준, 지선, 진호   **19** 6, 2, 4
20 3, 2, 1, ■ ; ■

7 짧은바늘이 3과 4의 가운데, 긴바늘이 6을 가리키는 시계를 찾습니다.

8 뾰족한 부분이 4군데 있는 ■ 모양의 물건은 칠판입니다.

9 네 시는 4시이고,
가운데 시계는 4시 30분을 나타내고,
오른쪽 시계는 4시를 나타냅니다.

10 컵을 본뜬 모양은 ● 모양입니다.

11 ⑴ 2시 30분 ⑵ 7시 30분

13 5시: 짧은바늘은 5, 긴바늘은 12를 가리키도록 그립니다.
10시 30분: 짧은바늘은 10과 11의 가운데,
긴바늘은 6을 가리키도록 그립니다.

14 왼쪽 상자에는 △ 모양을 넣어야 합니다.

15 ⑴ ■ 모양만 나옵니다.
⑵ ■, △ 모양이 나옵니다.

16 짧은바늘은 5와 6의 가운데, 긴바늘이 6을 가리키므로 시계는 5시 30분을 나타냅니다.

17 지붕은 △ 모양, 벽은 ■ 모양, 창문은 ● 모양으로 꾸민 것입니다.

18 공원에 도착한 시각은 진호가 9시 30분, 지선이가 9시, 민준이가 8시 30분입니다.
따라서 공원에 일찍 도착한 사람부터 차례로 이름을 쓰면 민준, 지선, 진호입니다.

19 ■ 모양은 6개, △ 모양은 2개, ● 모양은 4개입니다.

20

점수	채점 기준
10점	풀이 과정을 완성하여 ■, △, ● 모양의 수를 구하여 가장 많이 이용한 모양을 구했음.
5점	풀이 과정을 완성했지만 일부가 틀림.

서술형·논술형 문제

1 예 ■ 모양은 뾰족한 부분이 네 군데야.

2 예 아침에 일어난 시각은 미애가 7시 30분, 성수가 7시, 지희가 8시입니다.
따라서 가장 먼저 일어난 사람은 성수입니다.
; 성수

3 예 삼각자는 뾰족한 부분이 세 군데이기 때문입니다.

4 (○)( )( ) ;
예 수학책은 뾰족한 부분이 네 군데이기 때문입니다.

1 ■ 모양은 뾰족한 부분이 네 군데입니다.

점수	채점 기준
6점	정답 키워드 ■ 모양 / 네 군데 틀린 부분을 찾아 바르게 고쳤음.
3점	틀린 부분을 찾지 못해서 바르게 고치지 못함.

2

점수	채점 기준
8점	3명이 일어난 시각을 각각 알아본 다음 가장 먼저 일어난 사람을 바르게 구했음.
4점	3명이 일어난 시각은 각각 알아보았지만 가장 먼저 일어난 사람을 쓰지 못함.

3 △ 모양은 뾰족한 부분이 세 군데입니다.
삼각자는 뾰족한 부분이 세 군데이므로 삼각자는 △ 모양입니다.

점수	채점 기준
8점	정답 키워드 뾰족한 부분 / 세 군데 재석이가 ㉠처럼 말한 이유를 바르게 썼음.
4점	재석이가 ㉠처럼 말한 이유를 썼으나 미흡함.

4 ■ 모양은 뾰족한 부분이 네 군데입니다.
수학책은 뾰족한 부분이 네 군데이므로 수학책은 ■ 모양입니다.

점수	채점 기준
10점	정답 키워드 뾰족한 부분 / 네 군데 ㉡에 알맞은 모양을 찾아 ○표 하고, '뾰족'이라는 말을 이용하여 이유를 바르게 썼음.
5점	㉡에 알맞은 모양을 찾아 ○표 했으나 '뾰족'이라는 말을 이용하여 이유를 쓰지 못함.

4. 덧셈과 뺄셈⑵

115쪽	쪽지시험
1 14	**2** (왼쪽부터) 3, 11
3 (왼쪽부터) 4, 12	**4** ⑴ 16 ⑵ 12
5 11, 14, 14, 16	**6** 8
7 8	**8** (왼쪽부터) 1, 9
9 ⑴ 6 ⑵ 8	**10** 5, 3, 7, 3

5 6+5=11, 6+8=14, 7+7=14,
7+9=16

10 11−6=5, 11−8=3, 12−5=7,
12−9=3

116 ∼ 118쪽	단원평가 1회
1 12	**2** 15
3 8	**4** 1, 10, 15
5 (왼쪽부터) ⑴ 2, 11 ⑵ 1, 11	
6 (왼쪽부터) 1, 9	**7** 12
8 ✕	**9** ⑤
10 <	**11** 9
12 ⑴ 14 ⑵ 11 ⑶ 14	
13 미선	**14** 7
15 8+6=14 (또는 6+8=14) ; 14	
16 ⑴ 4 ⑵ 6 ⑶ 8	**17** 15−8=7 ; 7
18	
19 7	**20** 15, 14, 진주 ; 진주

18

① ② ③ ④ ⑤ ⑥ ⑦ ⑧ ⑨
⌜17 − 9 = 8⌟ 2 5
4 6 ⌜12 − 5 = 7⌟
10 ⌜11 − 3 = 8⌟ 9
⌜15 − 8 = 7⌟ 4 2

8 16−8=8, 18−9=9

9 ① 4+7=11 ② 5+6=11 ③ 6+5=11
④ 7+4=11 ⑤ 8+2=10
➡ 합이 나머지와 다른 것은 ⑤ 8+2입니다.

10 13−9=4, 17−8=9 ➡ 4<9

11 가장 큰 수는 12, 가장 작은 수는 3입니다.
➡ 12−3=9

12 ⑴ 9+5=10+4=14
⑵ 4+7=1+10=11
⑶ 6+8=4+10=14

13 남은 3을 더해 주어야 하므로 바르게 계산한 사람은 미선입니다.

14 (남은 초콜릿 수)
=(전체 초콜릿 수)−(먹은 초콜릿 수)
=16−9=7(개)

15

점수	채점 기준
6점	식 8+6=14 (또는 6+8=14)를 쓰고 답을 바르게 구했음.
3점	식 8+6 (또는 6+8)만 썼음.
3점	답 14만 썼음.

16 ⑴ 12−8=2+2=4
⑵ 13−7=3+3=6
⑶ 16−8=2+6=8

17 (남은 솜사탕의 수)
=(처음 솜사탕의 수)
−(친구들에게 나누어 준 솜사탕의 수)

점수	채점 기준
6점	식 15−8=7을 쓰고 답을 바르게 구했음.
3점	식 15−8만 썼음.
3점	답 7만 썼음.

18 17−9=8, 12−5=7, 11−3=8,
15−8=7

19 8+5=13이므로 13=6+□입니다.
따라서 13−6=□이므로 □ 안에 알맞은 수는 7입니다.

20 진주와 원호가 1회, 2회에 얻은 점수의 합을 각각 구합니다.

점수	채점 기준
10점	풀이 과정을 완성하여 누구의 점수가 더 높은지 바르게 구했음.
5점	풀이 과정을 완성했지만 일부가 틀림.

119 ～ 121쪽　　　　　　**단원평가** **2회**

1 14　　　　　　　　　　**2** 11
3 4　　　　　　　　　　**4** (　)(○)
5 (왼쪽부터) ⑴ 4, 5　⑵ 6, 9
6 (왼쪽부터) 3, 12　　**7** 8+6=10+4=14
　　　　　　　　　　　　　　　2　4
8　　　　　　　　　　　　**9** (위부터) 14, 15, 16
　　　　　　　　　　　　　　10 (위부터) 8, 8, 8
11 9　　　　　　　　　**12** 13, 13, 12 ; (　)
　　　　　　　　　　　　　　　　　　　　　　(　)
　　　　　　　　　　　　　　　　　　　　　　(○)
13 >　　　　　　　　　**14** 12-4=8 ; 8
15 8+5=13 (또는 5+8=13) ; 13
16 (위부터) 7, 8 ; 5, 7, 8 ; 3, 5, 6, 7
17 경주　　　　　　　**18** 윤주
19 6, 6, 6, 6, 15 ; 15
20 9, 7, 16 또는 7, 9, 16

8 11-2=9, 15-9=6

9 더하여지는 수는 같고 더하는 수가 1씩 커집니다. 1씩 커지는 수를 더하면 합은 1씩 커집니다.

10 빼어지는 수와 빼는 수가 각각 1씩 작아지면 차는 같습니다.

11 14-5=9

12 7+5=12
8+5=13, 9+4=13, 6+6=12

13 4+8=12, 15-6=9 ➡ 12>9

14

점수	채점 기준
6점	식 12-4=8을 쓰고 답을 바르게 구했음.
3점	식 12-4만 썼음.
3점	답 8만 썼음.

15

점수	채점 기준
6점	식 8+5=13 (또는 5+8=13)을 쓰고 답을 바르게 구했음.
3점	식 8+5 (또는 5+8)만 썼음.
3점	답 13만 썼음.

16 오른쪽으로 가면 빼어지는 수가 1씩 커지므로 차가 1씩 커집니다.

17 경주에게 남은 색연필은 12-5=7(자루)입니다. 따라서 7>5이므로 경주에게 색연필이 더 많습니다.

18 (진경이의 구슬 수)=9+3=12(개)
(민호의 구슬 수)=6+5=11(개)
(윤주의 구슬 수)=7+8=15(개)
따라서 12, 11, 15 중 가장 큰 수는 15이므로 구슬을 가장 많이 가지고 있는 사람은 윤주입니다.

19

점수	채점 기준
8점	11-5의 차를 이용하여 풀이 과정을 완성하고 ★에 알맞은 수를 바르게 구했음.
4점	풀이 과정을 완성했지만 일부가 틀림.

20 합이 가장 크게 되려면 주어진 수 중 가장 큰 수와 두 번째로 큰 수를 찾아 덧셈을 만들어야 합니다. 따라서 가장 큰 수는 9이고 두 번째로 큰 수는 7이므로 덧셈 9+7 또는 7+9를 만들어야 합니다.
➡ 9+7=16 또는 7+9=16

122 ～ 124쪽　　　　　　**단원평가** **3회**

1 (왼쪽부터) 2, 16　　　**2** (왼쪽부터) 4, 7
3 (왼쪽부터) 4, 14
4 (왼쪽부터) ⑴ 1, 11　⑵ 4, 14
5 (왼쪽부터) ⑴ 4, 6　⑵ 7, 8
6 ⑴ 12　⑵ 15　　　　　**7** ⑴ 5　⑵ 6
8 8, 17　　　　　　　　　**9** ②
10 ㉠, ㉡　　　　　　　　**11** 17
12 8
13 6+8=14 (또는 8+6=14) ; 14
14 8
15 (○) (　) (○) (　)
16 7
17 8+7=15 (또는 7+8=15) ; 15

18

6	$12 - 7 = 5$	4
$14 - 8 = 6$	11	2
16	7	$17 - 9 = 8$
4	$13 - 5 = 8$	1
$11 - 4 = 7$	3	10

19 형   **20** 15, 13, 연우 ; 연우

9 ① $11-6=5$ ② $18-9=9$
③ $17-9=8$ ④ $12-8=4$
⑤ $13-7=6$
따라서 계산 결과가 가장 큰 것은 ②입니다.

10 ㉠ $9+7=16$ ㉡ $15-8=7$
㉢ $6+8=14$ ㉣ $16-7=9$
㉤ $13-7=6$ ㉥ $8+8=16$
➡ ㉠과 ㉥의 계산 결과가 16으로 같습니다.

11 $9+8=17$(장)

12 $17-9=8$(장)

13 (놀이터에서 놀고 있는 어린이 수)
= (놀이터에서 놀고 있는 남자 어린이 수)
  + (놀이터에서 놀고 있는 여자 어린이 수)
= $6+8=14$(명)

점수	채점 기준
6점	식 $6+8=14$ (또는 $8+6=14$)를 쓰고 답을 바르게 구했음.
3점	식 $6+8$ (또는 $8+6$)만 썼음.
3점	답 14만 썼음.

14 (앞으로 더 지어야 할 층수)
= (아파트 전체 층수) − (지금까지 지은 층수)
= $16-8=8$(층)

15 $5+8=13$, $8+3=11$, $9+4=13$,
$6+5=11$

16 $8+4=12$이므로 $12=5+\square$, $12-5=\square$,
$\square=7$입니다.

17 (달팽이에 있는 자음자와 모음자 수)
  + (우주선에 있는 자음자와 모음자 수)
= $8+7=15$(개)

점수	채점 기준
6점	식 $8+7=15$ (또는 $7+8=15$)를 쓰고 답을 바르게 구했음.
3점	식 $8+7$ (또는 $7+8$)만 썼음.
3점	답 15만 썼음.

18 옆으로 나란히 있는 두 수의 차를 구해 보고 그 차가 바로 옆에 있는지 확인합니다.

19 연필 12자루를 사서 동생에게 5자루를 주었으므로 형은 $12-5=7$(자루)를 가지게 됩니다.
따라서 $7>5$이므로 형의 연필이 더 많습니다.

20 $7+8=5+10=15$(점)
$9+4=10+3=13$(점)

점수	채점 기준
8점	풀이 과정을 완성하여 점수가 더 높은 사람을 바르게 구했음.
4점	풀이 과정을 완성했지만 일부가 틀림.

125쪽	서술형·논술형 문제

1 예 10개씩 묶음 1개와 낱개 2개인 수는 12입니다.
따라서 12보다 4만큼 더 작은 수는 $12-4=8$입니다. ; 8

2 예 $5<7<8$이므로 반딧불이를 가장 적게 본 사람은 어머니로 5마리를 보았고 가장 많이 본 사람은 아버지로 8마리를 보았습니다.
➡ $5+8=13$(마리) ; 13

3 (1) $15-7=8$; 8 (2) $16-9=7$; 7
(3) $14-8=6$; 6 (4) 연아

1 호영이가 말하는 수: 12

점수	채점 기준
8점	🔑 정답 키워드 12 / $12-4=8$ 호영이가 말하는 수를 알고 4만큼 더 작은 수를 바르게 구했음.
4점	호영이가 말하는 수를 알고 4만큼 더 작은 수를 구했지만 답이 틀렸음.

2

점수	채점 기준
8점	정답 키워드 5 / 8 / 5+8=13 (또는 8+5=13) 반딧불이를 가장 적게 본 사람과 가장 많이 본 사람을 찾아 모두 몇 마리를 보았는지 바르게 구했음.
4점	반딧불이를 가장 적게 본 사람과 가장 많이 본 사람을 찾아 모두 몇 마리를 보았는지 구했지만 답이 틀렸음.

3

점수	채점 기준
24점	(1), (2), (3), (4)를 모두 바르게 구했음.
18점	(1), (2), (3)을 바르게 구했음.
12점	(1), (2), (3) 중 2문제만 바르게 구했음.
6점	(1), (2), (3) 중 1문제만 바르게 구했음.

5. 규칙 찾기

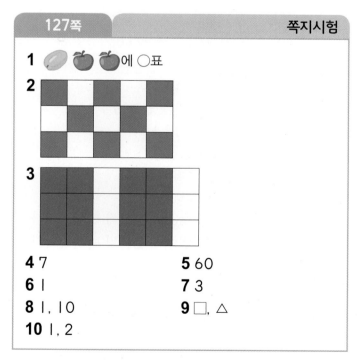

127쪽 | **쪽지시험**

1 🫘 🍎 🍎에 ○표

4 7 **5** 60

6 1 **7** 3

8 1, 10 **9** □, △

10 1, 2

6 21부터 시작하여 4씩 작아집니다.

8 파란색 점선: 31부터 시작하여 1씩 커집니다.
빨간색 점선: 9부터 시작하여 10씩 커집니다.

9 나비와 꽃이 반복되고 나비를 □로, 꽃을 △로 나타낸 것입니다.

10 자와 가위가 반복되고 자를 1로, 가위를 2로 나타낸 것입니다.

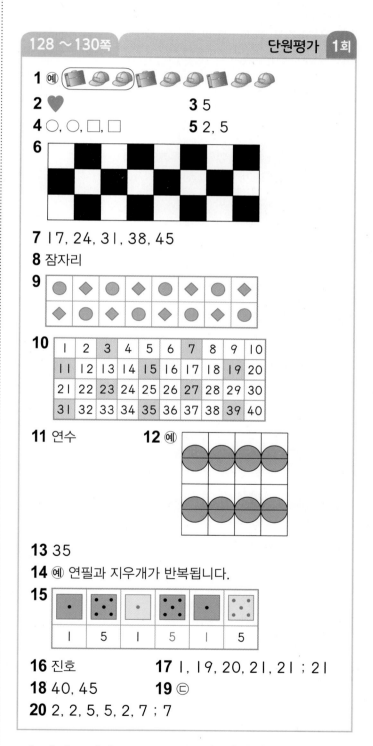

128~130쪽 | **단원평가 1회**

1 예 (그림)

2 ♥ **3** 5

4 ○, ○, □, □ **5** 2, 5

6 (체크무늬 그림)

7 17, 24, 31, 38, 45

8 잠자리

9 (도형 반복 그림)

10

1	2	3	4	5	6	7	8	9	10
11	12	13	14	15	16	17	18	19	20
21	22	23	24	25	26	27	28	29	30
31	32	33	34	35	36	37	38	39	40

11 연수 **12** 예 (그림)

13 35

14 예 연필과 지우개가 반복됩니다.

15

1	5	1	5	1	5

16 진호 **17** 1, 19, 20, 21, 21 ; 21

18 40, 45 **19** ©

20 2, 2, 5, 5, 2, 7 ; 7

4 사과―사과―포도―포도가 반복되고 사과를 ○로, 포도를 □로 나타낸 것입니다.

5 펼친 손가락 2개와 펼친 손가락 5개가 반복되고 펼친 손가락 2개를 2로, 펼친 손가락 5개를 5로 나타낸 것입니다.

8 나비와 잠자리가 반복됩니다.

9 첫째 줄: 보라색 ●, 초록색 ◆가 반복됩니다.
둘째 줄: 초록색 ◆, 보라색 ●가 반복됩니다.

10 3부터 시작하여 4씩 커집니다.

11 모자, 가방, 신발이 반복됩니다.

13 15 − 19 − 23 − 27 − 31 − $\underset{\raise2pt{\smash{\text{ㄱ}}}}{35}$

14

점수	채점 기준
6점	🎵정답 키워드 연필 / 지우개 / 반복 규칙을 바르게 썼음.
3점	규칙을 썼으나 미흡함.

15 ⚀과 ⚄가 반복됩니다.

⚀은 1, ⚄는 5를 써넣습니다.

16 검은색 바둑돌 한 개와 흰색 바둑돌 두 개가 반복됩니다.

17

점수	채점 기준
8점	풀이 과정을 완성하여 진주의 사물함 번호를 바르게 구했음.
4점	풀이 과정을 완성했지만 일부가 틀림.

18 ⇨ 방향으로 같은 줄에 있는 수는 오른쪽으로 한 칸 갈 때마다 1씩 커지고,
⇩ 방향으로 같은 줄에 있는 수는 아래쪽으로 한 칸 갈 때마다 7씩 커집니다.
33 − 40이므로 ㄱ = 40이고,
42 − 43 − 44 − 45이므로 ㄴ = 45입니다.

19 ○ − ○ − □가 반복되므로 빈칸에 들어갈 모양은 □입니다. □ 모양의 물건을 찾으면 ㄷ입니다.

20 5 + 2 = 7

점수	채점 기준
10점	풀이 과정을 완성하여 펼친 손가락은 모두 몇 개인지 바르게 구했음.
5점	풀이 과정을 완성했지만 일부가 틀림.

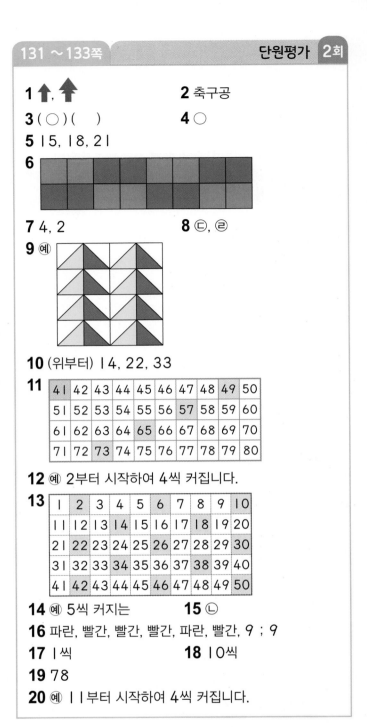

131 ∼ 133쪽 단원평가 2회

1 ⬆, ⬆ **2** 축구공
3 (○) ( ) **4** ○
5 15, 18, 21
6
7 4, 2 **8** ㄷ, ㄹ
9 예
10 (위부터) 14, 22, 33
11

41	42	43	44	45	46	47	48	49	50
51	52	53	54	55	56	57	58	59	60
61	62	63	64	65	66	67	68	69	70
71	72	73	74	75	76	77	78	79	80

12 예 2부터 시작하여 4씩 커집니다.
13

1	2	3	4	5	6	7	8	9	10
11	12	13	14	15	16	17	18	19	20
21	22	23	24	25	26	27	28	29	30
31	32	33	34	35	36	37	38	39	40
41	42	43	44	45	46	47	48	49	50

14 예 5씩 커지는 **15** ㄴ
16 파란, 빨간, 빨간, 빨간, 파란, 빨간, 9 ; 9
17 1씩 **18** 10씩
19 78
20 예 11부터 시작하여 4씩 커집니다.

6 첫째 줄: 빨간색과 초록색이 2칸씩 반복됩니다.
둘째 줄: 초록색과 빨간색이 2칸씩 반복됩니다.

7 닭 − 닭 − 다람쥐가 반복되고 닭을 2로, 다람쥐를 4로 나타낸 것입니다.

8 연필 − 연필 − 지우개 − 지우개가 반복되고 연필을 △로, 지우개를 □로 나타낸 것입니다.

10 오른쪽 옆으로는 1씩 커지고, 아래쪽으로는 10씩 커집니다.

11 49 − 57 − 65 − 73을 색칠합니다.

12 2−6−10−14−18−22−26−30
2부터 시작하여 4씩 커지는 규칙입니다.

13 34−38−42−46−50을 색칠합니다.

14 31−36−41−46−51−56
31부터 시작하여 5씩 커지는 규칙입니다.

15 30부터 시작하여 4씩 커지는 규칙이므로
㉠=50입니다.
16부터 시작하여 7씩 커지는 규칙이므로
㉡=51입니다.
➡ 50<51이므로 ㉠<㉡입니다.

16

점수	채점 기준
8점	풀이 과정을 완성하여 빨간색 색종이는 모두 몇 장인지 바르게 구했음.
4점	풀이 과정을 완성했지만 일부가 틀림.

17 51−52−53−54−55−56−57−58−59−60
오른쪽으로 한 칸 갈 때마다 1씩 커지는 규칙입니다.

18 62−72−82−92
아래쪽으로 한 칸 갈 때마다 10씩 커지는 규칙입니다.

19 72−73−74−75−76−77−78
　　　　　　　　　　　　　　　㉠
또는 58−68−78
　　　　　　㉠

20 11−15−19−23−27−31−35−39

점수	채점 기준
10점	색칠한 수들의 규칙을 바르게 썼음.
5점	색칠한 수들의 규칙을 썼지만 미흡함.

134쪽 / **서술형·논술형 문제**

1 예 10부터 시작하여 10씩 커집니다.
2 예

; 예 10부터 시작하여 5씩 커집니다.

3 예 51부터 시작하여 6씩 커집니다.
4 (순서대로)

; 예 4시 30분과 10시 30분이 반복됩니다.
5 예 노란색−파란색−빨간색이 반복되는 규칙입니다.
따라서 일곱째, 여덟째, 아홉째는 노란색−파란색−빨간색이고 열째는 노란색입니다. ; 노란색

1

점수	채점 기준
6점	정답 키워드 10씩 / 커집니다 규칙을 바르게 썼음.
3점	규칙을 썼으나 미흡함.

2 어떤 수부터 일정하게 수가 커지거나 작아지는 규칙을 정합니다.

점수	채점 기준
6점	수를 써넣고 규칙을 바르게 썼음.
3점	수를 써넣고 규칙을 썼으나 미흡함.

3 51−57−63−69−75

점수	채점 기준
6점	정답 키워드 6씩 / 커집니다 규칙을 바르게 썼음.
3점	규칙을 썼으나 미흡함.

4 4시 30분: 짧은바늘이 4와 5의 가운데,
　　　　　　긴바늘이 6을 가리키도록 그립니다.
10시 30분: 짧은바늘이 10과 11의 가운데,
　　　　　　긴바늘이 6을 가리키도록 그립니다.

점수	채점 기준
10점	시곗바늘을 바르게 그리고 규칙을 바르게 썼음.
5점	시곗바늘을 바르게 그리고 규칙을 썼지만 미흡함.

5

점수	채점 기준
10점	색칠한 규칙을 찾아 열째 ☆ 모양에 칠해야 하는 색깔을 바르게 구했음.
5점	색칠한 규칙은 찾았지만 열째 ☆ 모양에 칠해야 하는 색깔을 쓰지 못함.

6. 덧셈과 뺄셈(3)

136쪽	쪽지시험
1 47	**2** 70
3 54	**4** (1) 27 (2) 90
5 (1) 69 (2) 46	**6** 30
7 32	**8** 24
9 (1) 52 (2) 10	**10** (1) 25 (2) 64

137 ～ 139쪽	단원평가 1회

1 30, 6, 36 (또는 6, 30, 36)   **2** 90
3 (1) 49 (2) 70   **4** (1) 25 (2) 40
5 45, 46, 47   **6** 60, 80
7 (1) 33 (2) 32   **8** 55
9 78   **10** >
11

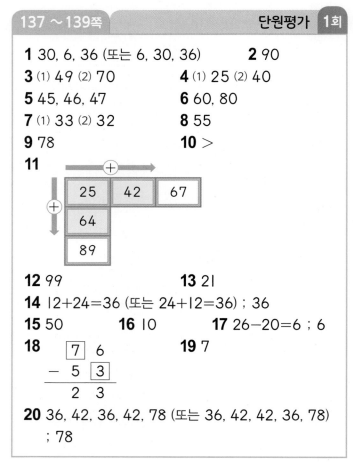

12 99   **13** 21
14 12+24=36 (또는 24+12=36) ; 36
15 50   **16** 10   **17** 26−20=6 ; 6
18

$$\begin{array}{r} \boxed{7}\ 6 \\ -\ 5\ \boxed{3} \\ \hline 2\ 3 \end{array}$$

19 7
20 36, 42, 36, 42, 78 (또는 36, 42, 42, 36, 78)
　; 78

5 더해지는 수는 같고 더하는 수가 1씩 커지므로
　합도 1씩 커집니다.
　➡ 44+1=45, 44+2=46, 44+3=47

8 큰 수에서 작은 수를 뺍니다. ➡ 75−20=55

9 52보다 26만큼 더 큰 수는 52+26입니다.
　➡ 52+26=78

10 24+33=57, 75−21=54이므로
　57>54입니다.

11 25+42=67, 25+64=89

12 엄마는 68회 넘었고 수현이는 31회 넘었으므로
68+31=99(회)가 됩니다.

13 엄마는 68회 넘었고 아빠는 47회 넘었으므로
68−47=21(회)가 됩니다.

14

점수	채점 기준
6점	식 12+24=36 (또는 24+12=36)을 쓰고 답을 바르게 구했음.
3점	식 12+24 (또는 24+12)만 썼음.
3점	답 36만 썼음.

15 (살고 있는 사람 수)−(남자 수)
　=90−40=50(명)

16 남자 수가 40명, 여자 수가 50명이므로 여자는
남자보다 50−40=10(명) 더 많습니다.

17 (1반이 심은 나무 수)−(2반이 심은 나무 수)
　=26−20=6(그루)

점수	채점 기준
6점	식 26−20=6을 쓰고 답을 바르게 구했음.
3점	식 26−20만 썼음.
3점	답 6만 썼음.

18 ・낱개끼리 계산:
　　6−□=3이므로 □=6−3, □=3입니다.
・10개씩 묶음끼리 계산:
　　□−5=2이므로 □=5+2, □=7입니다.

19 65−4=61이므로 68−□=61입니다.
➡ □+61=68, 68−61=□, □=7

20 36<42<53<62
　가장 작은 수　두 번째로 작은 수
➡ 36+42=78

점수	채점 기준
8점	풀이 과정을 완성하여 가장 작은 수와 두 번째로 작은 수의 합을 바르게 구했음.
4점	풀이 과정을 완성했지만 일부가 틀림.
4점	답 78만 썼음.

140~142쪽 · 단원평가 2회

1 21, 8, 29 (또는 8, 21, 29) **2** ①
3 24, 4, 20 **4** (1) 85 (2) 79
5 (1) 42 (2) 30 **6** 62, 82, 92 **7** ④
8

```
         ┌──── 40 ────┐   ┌ 10 ┐
────────────────────────────────────
0                   40      50
```

9 23 **10** 30, 70 **11** 58
12 ✕ **13** ④
14 86, 46, 86, 46, 40 ; 40
15 69 **16** 5, 3
17 76, 13, 76, 13, 89 (또는 76, 13, 13, 76, 89) ; 89
18 85 **19** 55
20 (1) 53+25=78 (또는 25+53=78) ; 78
   (2) 32+30=62 (또는 30+32=62) ; 62
   (3) 78−62=16 ; 16

11 30+28=58(송이)

12 67−24=43, 95−31=64

13 ① 50+30=80 ② 40+40=80
   ③ 60+20=80 ④ 10+80=90
   ⑤ 30+50=80
   ➡ 계산 결과가 나머지와 다른 하나는 ④입니다.

14 86>76>51>46
   └─가장 큰 수 └─가장 작은 수
   ➡ 86−46=40

점수	채점 기준
6점	풀이 과정을 완성하여 가장 큰 수와 가장 작은 수의 차를 바르게 구했음.
3점	풀이 과정을 완성했지만 일부가 틀림.
3점	답 40만 썼음.

15 (준비한 사과의 수)+(준비한 귤의 수)이므로 27+42=69(개)입니다.

16 • 낱개끼리 계산:
   □+1=6이므로 6−1=□, □=5입니다.
   • 10개씩 묶음끼리 계산:
   4+□=7이므로 7−4=□, □=3입니다.

17 7>6>4>3>1이므로 가장 큰 몇십몇은 76이고 가장 작은 몇십몇은 13입니다.

점수	채점 기준
6점	풀이 과정을 완성하여 가장 큰 수와 가장 작은 수의 합을 바르게 구했음.
3점	풀이 과정을 완성했지만 일부가 틀림.
3점	답 89만 썼음.

18 어린이는 남자 어린이 53명과 여자 어린이 32명의 합이므로 53+32=85(명)입니다.

19 어른은 남자 어른 25명과 여자 어른 30명의 합이므로 25+30=55(명)입니다.

20 (1) 남자는 남자 어린이 53명과 남자 어른 25명의 합이므로 53+25=78(명)입니다.
   (2) 여자는 여자 어린이 32명과 여자 어른 30명의 합이므로 32+30=62(명)입니다.

점수	채점 기준
12점	(1), (2), (3)의 식과 답을 바르게 구했음.
8점	(1), (2)의 식과 답을 바르게 구했음.
6점	(1), (2), (3)의 식만 썼거나 답만 썼음.
4점	(1)의 식과 답을 썼거나 (2)의 식과 답을 썼음.

143~145쪽 · 단원평가 3회

1 50, 10, 60 (또는 10, 50, 60) **2** 36, 12, 24
3 (1) 47 (2) 89 **4** (1) 61 (2) 46
5 79 **6** 40 **7** 89
8 ✕ **9** <
10 보라 **11** 20
12
```
    6 [3]
  + [3] 5
  ───────
    9  8
```
13 ㉡, ㉠, ㉢
14 50, 50, 20, 70 (또는 50, 20, 50, 70) ; 70
15 13
16 예 11, 32, 43 ; 예 32, 11, 21
17 98, 83, 98, 83, 15 ; 15
18 43 **19** 4
20 (1) 24+□=55 (또는 □+24=55) ; 31
   (2) 47−31=16 ; 16

9 $43+23=66$, $55+12=67$ ➡ $66<67$

10 $83-2=81$이므로 계산을 잘못한 학생은 보라입니다.

12 ・낱개끼리 계산:
$\square+5=8$이므로 $8-5=\square$, $\square=3$입니다.
・10개씩 묶음끼리 계산:
$6+\square=9$이므로 $9-6=\square$, $\square=3$입니다.

13 ㉠ $24+53=77$ ㉡ $87-12=75$
㉢ $14+65=79$
➡ $\underset{㉡}{75}<\underset{㉠}{77}<\underset{㉢}{79}$

14 10개씩 들어 있는 구슬 5봉지는 50개입니다.
➡ $50+20=70$(개)

점수	채점 기준
6점	풀이 과정을 완성하여 명수가 가지고 있는 구슬을 바르게 구했음.
3점	풀이 과정을 완성했지만 일부가 틀림.
3점	답 70만 썼음.

15 $59-24=35$이므로 $48-\square=35$입니다.
➡ $\square+35=48$, $48-35=\square$, $\square=13$

16 합: $11+32=43$, $11+22=33$,
$11+46=57$, $32+22=54$,
$32+46=78$, $22+46=68$ 등
차: $32-11=21$, $22-11=11$,
$46-11=35$, $32-22=10$,
$46-32=14$, $46-22=24$

17 $\underset{\text{가장 큰 수}}{98}>\underset{\text{두 번째로 큰 수}}{83}>79>74>65$ ➡ $98-83=15$

점수	채점 기준
6점	풀이 과정을 완성하여 가장 큰 수와 두 번째로 큰 수의 차를 바르게 구했음.
3점	풀이 과정을 완성했지만 일부가 틀림.
3점	답 15만 썼음.

18 지현이가 읽은 책의 수는 진태가 읽은 책의 수보다 12권이 더 적으므로 $55-12$를 계산해야 합니다.
➡ $55-12=43$(권)

19 현규와 찬호가 읽은 책의 수의 합은
$36+23=59$(권)입니다. $59-55=4$(권)이므로 현규와 찬호가 읽은 책의 수의 합은 진태가 읽은 책의 수보다 4권 더 많습니다.

20 (1) $24+\square=55$, $55-24=\square$, $\square=31$
(2) $47-31=16$

점수	채점 기준
12점	(1), (2)의 식과 답을 바르게 구했음.
9점	(1)의 식과 답을 바르게 구하고 (2)의 식만 맞거나 답만 맞음.
6점	(1)의 식과 답만 바르게 구했음.
3점	(1)의 식만 맞거나 답만 맞음.

146쪽	서술형·논술형 문제

1 (1) ① 50 ② 50 ③ 49 ④ 50 ⑤ 60 ⑥ 49
⑦ 50 ⑧ 48 ⑨ 50 (2) ①, ②, ④, ⑦, ⑨ ; ㉣ ; ㉣
2 $21+23=44$ (또는 $23+21=44$) ; 44
3 예 (전체 조끼 수)$=30+48=78$(벌)
(남는 조끼 수)$=78-60=18$(벌) ; 18

1

점수	채점 기준
26점	(1), (2)를 바르게 구했음.
18점	(1)만 바르게 구했음.
9점	(1)의 일부만 바르게 구했음.

2

점수	채점 기준
8점	식 $21+23=44$ (또는 $23+21=44$)를 쓰고 답을 바르게 구했음.
4점	식 $21+23$ (또는 $23+21$)만 썼음.
4점	답 44만 썼음.

3

점수	채점 기준
10점	🔑정답 키워드 $30+48=78$ (또는 $48+30=78$) / $78-60=18$ 전체 조끼 수를 구하고 남는 조끼 수를 바르게 구했음.
5점	전체 조끼 수를 구한 뒤 남는 조끼 수를 구했지만 답이 틀렸음.

147~149쪽 | 2학기 총정리 1회

1 60

2 (○)( )( )

3 6

4 80

5 42

6 ( )(○)(○)( )

7 (1) ㉡ (2) ㉠

8 ( )(○)

9 <

10 (1)

(2)

11 ㉠

12 76

13 ⑩ 30부터 시작하여 l씩 작아집니다.

14 41, 43, 45, 47, 49 **15** ( )( )(○)

16 12+14=26 (또는 14+12=26) ; 26

17 ㉢

18 8, 9 ; ⑩ 차는 l씩 커집니다.

19 2

20 진주

---

2 500원짜리 동전은 ○ 모양, 공책은 ■ 모양, 표지판은 △ 모양입니다.

3 10에서 4를 지우면 6이 남습니다.

4
$$\begin{array}{r} 3\,0 \\ +\,5\,0 \\ \hline 8\,0 \end{array}$$

5
$$\begin{array}{r} 4\,5 \\ -\quad 3 \\ \hline 4\,2 \end{array}$$

6 △ 모양은 뾰족한 부분이 세 군데입니다. 따라서 뾰족한 부분이 세 군데인 모양을 모두 찾아봅니다.

7 (1) 짧은바늘이 3, 긴바늘이 12를 가리키므로 3시입니다.

(2) 짧은바늘이 5, 긴바늘이 12를 가리키므로 5시입니다.

8 1+6=7, 5+5=10

9 10개씩 묶음이 6개로 같으므로 낱개를 비교하면 67은 7개, 69는 9개이므로 69가 더 큽니다.
➡ 67<69

10 (1) 짧은바늘이 11을, 긴바늘이 12를 가리키게 그립니다.

(2) 짧은바늘이 2와 3의 가운데, 긴바늘이 6을 가리키게 그립니다.

---

11 ㉠ 24+51=75, ㉡ 74 ➡ 75>74

12 75보다 l만큼 더 큰 수는 75 다음 수인 76입니다.

13

점수	채점 기준
6점	🔑 정답 키워드 ⃕ l씩 / 작아집니다. 30부터 시작하여 l씩 작아짐을 알고 규칙을 바르게 썼음.
3점	30부터 시작하여 l씩 작아짐을 알고 규칙을 썼으나 미흡함.

14 41부터 50까지의 수 중에서 둘씩 짝을 지을 수 없는 수를 모두 써 봅니다.

15 ■, △ 모양을 이용하여 만들었습니다. 따라서 이용하지 않은 모양은 ○ 모양입니다.

16 빨간 색종이 수와 파란 색종이 수를 더합니다.

점수	채점 기준
6점	식 12+14=26 (또는 14+12=26)을 쓰고 답을 바르게 구했음.
3점	식 12+14 (또는 14+12)만 썼음.
3점	답 26만 썼음.

17 △–△–○ 모양이 반복됩니다. 따라서 빈칸에 들어갈 모양은 ○ 모양입니다. ○ 모양의 물건을 찾으면 ㉢입니다.

18

점수	채점 기준
7점	뺄셈을 바르게 하고 알게 된 점을 바르게 썼음.
4점	뺄셈을 하고 알게 된 점을 썼으나 미흡함.

19 9−5−2=4−2=2(개)

20 진호가 맞힌 점수의 합: 9+2=11(점)
진주가 맞힌 점수의 합: 5+8=13(점)
➡ 11<13이므로 점수의 합이 더 높은 사람은 진주입니다.

1 39

2 67

3 (　) (○) (　)

4 5, 30

5 10

6 $8+4=\boxed{12}$
　　　　　$\boxed{2}$　2

7 11

8 (1) ㉡ (2) ㉠

9 69, 71에 ○표

10

11 >

12 (　) (　) (○)

13 ⒠ 51부터 시작하여 4씩 커집니다.

14 30, 32, 34, 36, 38, 40

15 ㉢

16 7

17 8, 8, 30, 진희 ; 진희

18 82

19 (○) (　) (　)

20 5+8+2=15 ; 15

---

1 32+7은 10개씩 묶음 3개와 낱개 9개이므로 39입니다.
　　➡ 32+7=39

2 예순 일곱 ➡ 67
　　6　　7

3 표지판은 ⬤ 모양, 계산기는 ⬛ 모양, 삼각 김밥은 △ 모양입니다.

4 짧은바늘이 5와 6의 가운데, 긴바늘이 6을 가리키므로 5시 30분입니다.

5 2+8=10

6 8에 2를 더하여 먼저 10을 만들고 남은 2를 더하면 12입니다.

7　　1 7
　　−　 6
　　　1 1

8 (1) 80−30=50　(2) 10+30=40

9 72보다 작은 수를 찾으면 69, 71입니다.

10 짧은바늘이 10, 긴바늘이 12를 가리키게 그립니다.

11 34+15=49, 59−12=47 ➡ 49>47

12 ⌒은 ⬤ 모양의 부분을 나타낸 그림입니다.

13

점수	채점 기준
	정답 키워드 4씩 / 커집니다.
6점	51부터 시작하여 4씩 커짐을 알고 규칙을 바르게 썼음.
3점	51부터 시작하여 4씩 커짐을 알고 규칙을 썼으나 미흡함.

14 30부터 40까지의 수 중에서 둘씩 짝을 지을 수 있는 수를 모두 써 봅니다.

15 ㉠ 9+1=10　　㉡ 2+8=10
　　㉢ 3+6=9　　㉣ 5+5=10

16 10−3=7(자루)

17 진희가 숙제를 끝낸 시각: 짧은바늘이 8을 가리키고, 긴바늘이 12를 가리키므로 8시입니다.
　　해주가 숙제를 끝낸 시각: 짧은바늘이 8과 9의 가운데, 긴바늘이 6을 가리키므로 8시 30분입니다.

점수	채점 기준
7점	풀이 과정을 완성하여 숙제를 먼저 끝낸 사람을 바르게 구했음.
4점	풀이 과정을 완성했지만 일부가 틀림.

18 10개씩 묶음이 82는 8개, 74는 7개, 63은 6개이므로 82가 가장 큽니다.

19

⬛ 모양은 5개, △ 모양은 1개, ⬤ 모양은 3개입니다. 따라서 가장 많이 이용한 모양은 ⬛ 모양입니다.

20 사과의 수, 배의 수, 감의 수를 모두 더합니다.

점수	채점 기준
8점	식 5+8+2=15를 쓰고 답을 바르게 구했음.
4점	식 5+8+2만 썼음.
4점	답 15만 썼음.

우리 아이의 실력을 정확히 점검하는 기회

40년의 역사
전국 초·중학생 213만 명의 선택

HME 학력평가

해법수학 · 해법국어

응시 학년	수학	초등 1학년 ~ 중학 3학년
	국어	초등 1학년 ~ 초등 6학년

응시 횟수	수학	연 2회 (6월 / 11월)
	국어	연 1회 (11월)

주최 천재교육 | 주관 한국학력평가 인증연구소 | 후원 서울교육대학교

*응시 날짜는 변동될 수 있으며 더 자세한 내용은 HME 홈페이지에서 확인 바랍니다

정답은
이안에
있어!

배움으로 행복한 내일을 꿈꾸는
천재교육 커뮤니티 안내 ....

 교재 안내부터 구매까지 한 번에!
천재교육 홈페이지

자사가 발행하는 참고서, 교과서에 대한 소개는 물론
도서 구매도 할 수 있습니다. 회원에게 지급되는 별을 모아
다양한 상품 응모에도 도전해 보세요!

 다양한 교육 꿀팁에 깜짝 이벤트는 덤!
천재교육 인스타그램

천재교육의 새롭고 중요한 소식을 가장 먼저 접하고 싶다면?
천재교육 인스타그램 팔로우가 필수!
깜짝 이벤트도 수시로 진행되니 놓치지 마세요!

 수업이 편리해지는
천재교육 ACA 사이트

오직 선생님만을 위한, 천재교육 모든 교재에 대한 정보가 담긴
아카 사이트에서는 다양한 수업자료 및 부가 자료는 물론
시험 출제에 필요한 문제도 다운로드하실 수 있습니다.

https://aca.chunjae.co.kr

 천재교육을 사랑하는 샘들의 모임
천사샘

학원 강사, 공부방 선생님이시라면 누구나 가입할 수 있는 천사샘!
교재 개발 및 평가를 통해 교재 검토진으로 참여할 수 있는 기회는 물론
다양한 교사용 교재 증정 이벤트가 선생님을 기다립니다.

 아이와 함께 성장하는 학부모들의 모임공간
튠맘 학습연구소

튠맘 학습연구소는 초·중등 학부모를 대상으로 다양한 이벤트와 함께
교재 리뷰 및 학습 정보를 제공하는 네이버 카페입니다.
초등학생, 중학생 자녀를 둔 학부모님이라면 튠맘 학습연구소로 오세요!